Driftwood Holly

Ich war einmal

Meine Lebensreise von der DDR in die Wildnis am Yukon

Bibliografische Information der Deutschen Nationalbibliothek: Die Deutsche Nationalbibliothek verzeichnet diese Publikation in der Deutschen Nationalbibliografie; detaillierte bibliografische Daten sind im Internet über http://dnb.dnb.de abrufbar.

Lektorat und Layout: Mirko Dominiak
Korrektorat: Anja Wagner
Coverdesign: Dr. Dazey
Mitwirkende: Dana Earthchild, Kiki, Mette Glargaard, und meine Eltern
Verlag: BoD · Books on Demand GmbH, In de Tarpen 42,
22848 Norderstedt, bod@bod.de
Druck: Libri Plureos GmbH, Friedensallee 273, 22763 Hamburg

ISBN: 978-3-7693-1619-3

Inhaltsverzeichnis

Foto von Jürgen Ihle

Vielen Dank an alle fleißigen Mithelfer dieser Buchgeburt.

Ihr seid ein fester Bestandteil von allem, was ich bin. Dana Moonchild, Kiki, Mette Glargaard, Dr. Dazey, Anja Wagner, Mirko Dominiak und meine Eltern

INTRO

Hier ist es, mein erstes Buch. Und auch diesmal mach ich es so, wie ich es gern mit neuen Abenteuern mache: Reinspringen und losschwimmen.

Dieses Buch bin ich oder das was ich mal war. Kein philosophischer Lebensleitfaden, eher eine ein Blick aus der Vogelperspektive auf mich selbst. Es wird dir liebevoll erzählen, was mir alles passiert ist und wie ich mich an den vielen Gabelungen auf den Holzwegen meines Lebens entschieden habe.

Ich lade dich herzlich ein, dein eigenes Abenteuer mit meiner Geschichte zu haben. Und manchmal ist es eine ganz schön wilde Geschichte, die ich Dir erzählen werde, während ich hier vor meinem lodernden Ofen sitze und mir die Knie wärme. Draußen in der Wildnis sind heute minus 37 Grad, was dem Yukon-Winter seine ganz spezielle Schönheit verleiht und ihn gleichzeitig in ein Land verwandelt, das nur wenige Fehler verzeiht.

In meinem Buch begleitest Du mich ungefähr bis zu meinem 30. Lebensjahr. Die Fülle der Ereignisse und Erfahrungen sind auch danach nicht weniger geworden. Dieses Holly-Leben ist einfach nicht in ein einziges Buch zu bekommen und ihr könnt euch schon heute auf eine Fortsetzung freuen.

Die erste Zeit meines Daseins war stark von den Generationen vor mir und den Auswirkungen ihrer Entscheidungen auf mich, geprägt. Meine Geschichten

1

zeigen dir aber auch, wie meine oft unkonventionellen und vielleicht etwas frechen Denkvorgänge meine Zukunft oder die verschiedenen Lebenssituation beeinflusst haben. Manchmal zu meinem Vorteil und manchmal endete ich dadurch auch im absoluten Chaos. Bis jetzt war es jedenfalls nie langweilig. Ich habe ein herrliches Leben und dass ich das alles mitmachen darf, verblüfft selbst mich den Dauer~Abenteurer manchmal sehr.

Unsere einzigartige Welt verändert sich oft schneller als wir das wahrnehmen können und trotzdem werden Entscheidungen von uns verlangt, denen wir manchmal noch nicht gewachsen zu sein scheinen. Das Vertrauen darauf, dass alles im Fluss ist und bleibt, gewinnt man erst über seine Lebenszeit. Du kannst in meinem Büchlein herrlich stöbern und vielleicht baut dir meine ureigene Geschichte ein paar Brücken zu Ufern, die dir bisher unerschlossen blieben. Und hoffentlich kannst du an der einen oder anderen Stelle im Buch auch so herzlich lachen wie ich, während ich das hier alles aufgeschrieben habe.

Das ganze Theaterstück handelt also von einem Jungen, der fliegen lernen wollte, dann aber im weltpolitischen Schützengraben gelandet ist und letztendlich vom Fluss des Lebens in die Wildnis gespült wurde.

Ich wünsch dir eine gute Reise und hoffe innigst, dass dich meine Geschichte um einige Erlebnisse und gute Erfahrungen reicher macht.

Driftwood Holly

OBERWIESENTHAL

„Ich war einmal" begann in Oberwiesenthal, einem kleinen Energieplatz im sächsischen Erzgebirge, an dem sich seit Jahrhunderten Besonderheiten ansiedeln.

Ich wurde zwar in Zwickau geboren, aber von meinem Opa im Trabant sofort in meine neue Heimat transportiert. Mein Vati Heri war schon vorgezogen und so blieb es die Aufgabe meines Großvaters, den kleinen Holly durch den Schnee zu wühlen. Der Karton de la Papp hatte keinen Vorwühl-Drive und brauchte noch richtige Fahrer. Wenn ich heute mit meinen kleinen Kindern im Yukon Winter stecken bleibe, dann kann ich die Trabi-Luft noch förmlich schmecken und Verantwortung bekommt jedes Mal eine völlig neue Bedeutung.

Der Kurort befand sich am sozialistischen Fichtelberg und nachdem ich inzwischen 40 Länder und tausende Plätze bereist habe, kann ich jetzt sagen: Es gibt wohl kaum einen besseren Platz, um Kind zu sein. Und Kind bin ich heute noch, das Kind, das nicht müde wird, hinter jeden Vorhang zu schauen.

Der Frieden, den der Sozialismus beherbergte, gab uns - damals natürlich unbemerkt – ungeahnte Bewegungsfreiheit, im abgesteckten Gelände. Meine Eltern hatten Arbeit, der Dorfbulle war hell wie ein Sack Ruß und immer zu langsam. Und es gab etwas ohne Ende: Kinder. Die Straßen waren voll von uns, ein aus heutiger Sicht unbezahlbarer Reichtum. Niemand konnte einen mit einem Mausklick aus dem Spiel schießen. Es wurde noch richtig gelacht, geschubst, geklaut, versteckt und wenn Mutti gerufen hat, war man taub wie eine batterielose Hörhilfe. Lieber steckte man den

Anschiss ein, als auch nur einen Akt des Straßenfaschings zu verpassen. Fernsehen war auf DDR 1 und 2 beschränkt und leerte die Straßen nur samstags 14 Uhr, wenn Professor Flimmrich einen der DEFA-Kinderknaller zeigte. Die Filme der DDR sind heute immer noch so wunderbar.

Ich hatte immer Helden in meinem Leben, um die ich mich wohlfühlte. Zwischen ihnen und mir gibt es eine Art Energieaustausch, den man natürlich auch als Freundschaft abtun könnte. Blicke ich aber zurück, kann ich heute sagen, dass zwischen uns eine Nähe war, die eher einer kleinen Liebe ähnelte.

Einen davon konnte meine Mutti nie leiden. Aber wo die Liebe halt hinfällt. Jens, genannt Hirsch, war viel älter als ich und kam aus einer Familie, die keine war. Ich war, denk ich, der Erste, der ihm richtig zuhörte und fand, er wusste so viel mehr als alle anderen, die mich auf Grund meiner Körpergröße lieber den Hang runtergehauen haben, als mit mir zu spielen. Er war groß und eine vorzügliche Leibwache mit Kraft und drahtigem Körperbau, um die Schlösser aufzuknacken, die mir sonst verschlossen waren. Ich genoss ihn und er war froh mich zu lehren und mein Freund zu sein.

Mein zweiter Held war mein Skisprungtrainer Joachim Loos. Ein alter Mann, aus Kinderaugen, der diese immer wieder zu feuchtem Erstaunen brachte. Er war der erste Zauberer in meinem Leben. Ein Romantiker, der Atmosphären schuf, in denen man sich mit Handpuppen unterhielt oder seine Fichten bestaunte, die er in seinem Doppelfenster angepflanzt hatte. Er hatte das Skifahren im Sommer erfunden. Auf einem speziellen Gras auf der Pferdewiese ging es wunderbar. Wir waren stolz wie Ritter, wenn wir dorthin gingen und rollaugige Touristen uns fragten: "Wo wollta denn mit de Schier hin, bei den Wetta?" "Skier fahr'n, Blödmann!" und weiter gings mit feixendem Kinderlachen und der Überzeugung, dass wir uns einen gehörigen Vorsprung heraustrainieren würden, weil wir Herrn Loos kannten. Er nahm uns für jedes schlechte Wort 20 Pfennig ab und gab uns diese als Stollen und Kakao zur Weihnachtsfeier wieder. Und er ist meiner Meinung nach für die Entwicklung der meisten Imitationsgeräte im deutschen Skisprung verantwortlich. Ein wunderbarer Mensch, der trotz meiner mageren sportlichen Anfangsleistung immer an mich, den Mensch Holly, glaubte. Und davon gab es damals nicht viele. Ich hab ihn so wie viele andere DDR- Sportler, immer wieder besucht, was für Achim das Kompliment war, welches er von Sportfunktionären nie bekommen hatte. Er war einfach anders, er war am Leben, suchte und fand. Es gab kaum einen Augenblick, der neben ihm nicht besonders war und selbst wenn er dich ausschimpfte, fühltest du dich ausgezeichnet. Er war der erste wirklich andere Mensch und so viel lebendiger als alle anderen Richtigmacher.

Danke Achim, auch von allen anderen, die das nie ausgesprochen haben.

Oberwiesenthal

Holly und Mutti

FENSTER UND LATERNEN

Oberwiesenthal hat wohl auch Weihnachten erfunden und selbst heute, viele Jahre nach der Wende, hat es erst eine blaue amerikanische Plastemistleuchtkette ins Land der Holzkunst geschafft. Weißt du eigentlich, dass der Weihnachtsmann bis zur Vermarktung eines koffeinhaltigen Getränkes grün war? Die Winterzeit hatte den kleinen Ort immer in eine Märchenlandschaft verwandelt. Die wohl intensivste Erinnerung an diese Zeit ist das Warten auf meinen Vati. Er war damals Physiotherapeut der Rennschlittennationalmannschaft. Er verschwand mit dem bunten Laub und tauchte mit den Frühjahrsknospen wieder auf. Zwischendurch kam er aus der mir mystischen und für noch viele Jahre sehr fernen Welt, um frische Wäsche zu holen, Mutti glücklich zu machen und mir was Schönes mitzubringen.

Ich saß auf dem breiten Fensterstock in der Küche, dem Fenster, an dem er zuerst auftauchen würde. Es war immer dunkel und Mutti und ich hatten es uns gut gehen lassen, mit ausreichend Makkaroni, Räucherkerzeln, eingehüllt in kuschlig, wärmenden Decken. Und so warteten wir dann, den Blick in die Laterne gegenüber gerichtet, in deren Lichtkegel fette Elefantenschneeflocken schwebten. Wir schauten uns immer wieder an und es entstand so eine besondere Spannung, die mir diese Momente in mein Kinderhirn gebrannt haben. Und dann kam er. Meistens schwer schleppend und eine erste neue Spur durch den Schnee ziehend. Ein Weihnachtsmann, der mich immer leiden konnte. Aber Mutti hat ihm auch nicht alles verraten.

Meistens hab ich ihm gleich im Hausflur angeboten, aus Liebe beim Auspacken zu helfen. Er hat mich nie lange warten lassen und ich ging selig mit meinem neuen Gummi-Indianer ins Bett, damit er sich um die Entstehung meiner Schwester kümmern konnte.

Ich finde, diese Geschichte gehört hier schon deshalb rein, weil sie mir beim Erzählen immer Freude macht. Die liebevolle Nähe zu meiner Mutti in dieser Zeit und die Aufregung und Freude, wenn mein Vati nach Hause kam, sind echt lebendige Kindheitserinnerungen geworden. Bis zu meinem 18. Lebensjahr habe ich dann versucht, an der Sportschule Weltmeister zu werden - Skisprungweltmeister.

Jedoch legte mein Vater mit recht bald nahe, doch lieber Nordisch Kombinierter zu werden, weil es davon weniger gab und in Anbetracht meines nicht alles überstrahlenden Talentes, war das wohl auch erfolgsversprechender. Meine 12 Jahre DDR-Leistungssport waren dann sehr, sehr voll gepackt mit Sport. Es war eine Zeit, in der ich mit meinem Körper fast alles anstellen konnte. Ich war nicht wirklich gut, aber gehörte zu einem Club aus dem unglaubliche Talente kamen. Für den Sport war die DDR irgendwie großartig.

Das Schlimmste an meiner Sportkarriere aber war, dass mein Vati im selben Club arbeitete in dem ich trainierte. Jeder meiner Trainer, Lehrer und Erzieher fand den Weg zu ihm sehr schnell, wenn ich nur daran gedacht hatte, etwas auszufressen und heulte sich dann dort über mich aus. Keines der anderen Kinder musste dauernd Angst haben, dass die wieder beim "Vati" petzen waren und ich musste immer alles zweimal ausbaden. In dieser für mich so prägenden Zeit erblickte ich aber auch die süße Welt der Mädchen, die mich komplett von meinem Wunsch Weltmeister zu werden abbrachten. Oh je, oh je. Kannst du dir vorstellen, was in einem Internat mit 300 jungen Pubertierenden los ist? Jetzt mal ehrlich, hättest du dich eher auf deinen Blutsäurewert konzentriert oder doch lieber auf die Krone der Schöpfung? Denn die wartete jeden Tag auf der letzten Reihe im Fernsehraum aufs Knutschen.

Aber all dem lustigen Treiben stand eine Armee von Aufpassern im Weg und so kam es auch, dass ich beim Ausprobieren meines ersten Zungenkusses von meinem Trainer erwischt wurde. Obwohl es nur eine Übung war, schickte er mich und den anderen Jungen wieder ins Zimmer. Ja, ja du liest richtig. Es hat immer mit den Jungs angefangen. Ich kann heute immer noch herzlich darüber lachen, dass wir uns lieber gegenseitig ausgebildet haben, weil wir in Gegenwart einer Prinzessin damals erstarrten.

Mein Vati und ich

DDR-MEISTER

Das wohl größte Geschenk des Leistungssports - neben freiem Sportmaterial, Ostblockreisen und Südfrüchten im Winter – war das durch das Training geschulte Körperbewusstsein. Man hat sich damals so geschickt bewegen können, lernte seine Grenzen kennen und verschob sie ständig weiter nach oben und so entwickelte man ein sehr intensives Verhältnis zum eigenen Körper. Ein sehr wichtiger Grund, weshalb ich auch heute noch, trotz aller Zweifel am System Leistungssport, diesen immer noch für eine gute Jugendlebensform halte.

Ich hab mir wirklich große Mühe gegeben, was zu werden, aber ich hatte einfach nicht das Zeug dazu. Und neben Jens Weißflog Ski zu springen, macht halt auch recht wenig Spaß und glich eher einem Autorennen gegen Michael Schuhmacher. Aber Vize-DDR-Meister in der Nordischen Kombination bin ich dann doch noch geworden und dass ich das Ding nicht gewonnen habe, konnte wieder mal nicht dramatischer sein.

Wir waren am Wettkampftag meistens nochmal fein essen und so gab es im "Hirsch" Fleisch mit Rotkraut und Klöße. Danach, als mir das Wettkampffieber schon versuchte einen Kloß wieder von hinten durch die Kiemen zu würgen, mussten wir einen etwa zwei Kilometer langen sehr steilen Berg zur Schanze rauf asten. Es fiel mir aber diesmal erstaunlich leicht und ich wunderte mich, da ich normalerweise bereits in dieser Phase schon die ersten Schwächeanfälle bekam. Schon bald sollte ich wissen warum und ich dachte schon, ich wäre fit.

Ich kam also an der Schanze an und bevor ich mit der sehr individuellen oft auch spirituellen Erwärmung begann, sah ich mir den "Backen" erst nochmal an. In der Phase redet man mit der Schanze und glaubt, wenn man nur irgendeine warme Verbindung zu ihr aufbaut, wird sie einen schon weit ins Tal schießen. Also begann ich mit meinen, mich motivierenden Rumhopsungen und Meditationen. Jeder wurde von allen beobachtet. Was wurde gewachst? Sprachen die anderen? Und wo ist die Balance zwischen Erwärmung und Ermüdung? Zwischendurch Kloß runterschlucken und atmen. Zu irgendeinem Zeitpunkt war es dann soweit sich umzuziehen. Die Anzüge hatten wir meistens schon an, aber nicht Handschuhe, Helm und den Elefantenfüßen gleichkommenden Sprungstiefel. Also Rucksack auf – Welchen Rucksack? Ach du Scheiße. Das Ding, das Ding ist noch im "Hirsch". Was mir zu diesem Zeitpunkt alles durch den Kopf schoss, war nicht zu fassen. Die Situation konnte einfach nicht wahr sein. Der Wettkampfhöhepunkt des Jahres und ich war nackt. Die Zeit blieb einfach stehen.

Auf dem Weg zu meinem Trainer war ich im Wachkoma. "Ich hab meine Sprungsachen in der Kneipe vergessen." Nur ein langer Blick, der sagte „Du gewinnst sowieso nischt" und dann kam die alles entspannende Antwort: "Was soll ich denn da jetzt machen?" Ich erfror einfach.

Langsam verwandelte sich diese Starre jedoch in Bewegung - und in was für eine. Ich rannte den Berg hinunter wie nur einer rennen kann, der um sein Leben rennt. Meine Zweitklassigkeit hatte mich aber auch in den Besitz abgelaufener Turnschuhe gebracht, die sich jetzt auszahlten. Ich schlitterte volles Rohr zwei Kilometer den Berg hinunter, ohne überhaupt die Möglichkeit eines Sturzes zu erwägen und schlug mit windgeföhntem Haar am "Hirsch" an. Rucksack fassen und zurück.

Ein Wartburg (für Wessis: Auto, gehobene Mittelklasse Ost) kam grad vorbeigequalmt. "Ich muss auf den Berg" sag ich zum Fahrer, den die Panik in meinen Augen wohl Schlimmeres ahnen ließ, als nur eine DDR-Meisterschaft. Er stammelte "okay", und da saß ich auch schon im Auto.

"Danke." Und los!

Wo bis zu diesem Zeitpunkt der Evolution noch kein Wartburg gewesen ist, versuchte dieser Retter nun mit mir hinzukommen. Anhalten ging nicht. Irgendwo an diesem Berg brachte uns die Hangabtriebskraft und der Schnee zum Stehen. Ich war froh, als der Wagen an der Steigung kleben blieb und ich an der Tür hängend mein "danke" hauchte. Ich habe nie erfahren, wie er da wieder runterkam und solltest du der Fahrer gewesen sein und dich erkennen, rufe mich bitte an. Du hast einen Champion gefahren!

Also weiter. Das rennen aufwärts ging diesmal etwas schwerer, weil ich ja alles mithatte. Ich rannte bis zum absoluten Verlust jeden Sauerstoffs und hörte die Startnummern, die aus dem Schanzenlautsprecher meiner Nummer immer näherkamen. Oben ankommen, Sachen ranwürchen, Ski schnappen und den Turm hochrennen, war alles eins. Ich wurde schon angesagt und mich konnte schon jeder sehen. Mein Trainer senkte das Haupt und sie gaben mir ein paar Bonussekunden. Ski anschnallen und los. Ich war in der Spur und raste mit Schallgeschwindigkeit auf den Absprung zu. Der Sprung der folgte, war mehr der Versuch Luft zu kriegen. Ich flog, legte mich erschlafft auf die Luft, die meine Ski trugen und flog weit. Peng! Sensation! Ich war Führender nach dem ersten Durchgang.

Damals liefen wir noch hoch zur Schanze und auf halben Weg, am Kampfrichterturm, traf ich mit Kinderaugen eines Führenden meinen Trainer, der sagte: "Na, da warst du endlich mal richtig warm." Auch dieser Satz ist mir eine bleibende Erinnerung. Heute kann ich darüber lachen, aber damals stach es mir ins Herz.

Ich wurde dann Zweiter nach dem Springen und mit einem relativ geringen Rückstand auf den Ersten vom ASK Oberhof in den Laufwettkampf geschickt. Seit Einführung der "Gunderson-Methode" gewinnt der, der als erster ins Ziel kommt den Gesamtevent. Die Zuneigung meines Trainers war jetzt grenzenlos. Ich war der schwächere Läufer und mir war schlecht. Ich gaste los mit dem Ziel, mich nicht einholen zu lassen und eine Medaille zu machen. Das war sie, meine Chance, zu den Jugendwettkämpfen in die Sowjetunion mitzufahren und meinen Platz im A-Team zu sichern. Ich konnte den hinter mir Gestarteten mit seinem Dynamo Klingenthal-Kampfanzug sehen und rannte völlig ohne Taktik davon. Und er klebte dran. Wie im Traum, wenn man wie im Leim, nicht davonkommt. Und fast im selben Moment, als der da hinter mir keuchend abstarb, tauchte vor mir ein sich in alle Flüssigkeiten auflösender Führender auf. Von seinem Laufstil war nichts mehr zu erkennen. Was war denn jetzt los? Ich hier mit der Möglichkeit dem Fass den Boden auszuschlagen. Der Trainer schrie: "Der is alle. Der is alle!!!" Noch ein Kilometer Abfahrt und dann der Zielspurt.

Ich hab ihn am Berg überholt, aber sein Ski war schneller in der Abfahrt und ich wieder Zweiter. Noch

200 Meter und er weinte. Ich biss mich ran, scherte im Zielgarten aus und war ganz kurz in Führung.

Und dann, ja dann, verfitzte sich ein aus dem Nichts kommender Reisigzweig der Streckenmarkierung in meiner Bindung und ließ nicht mehr los. Ich humpelte dann mit dem Scheißding am Fuß durchs Ziel und wurde mit zwei Meter Rückstand Zweiter und Gewinner meiner ersten Ruhla-Uhr. Der Junge vom ASK wurde DDR-Meister und war ein sympathischer Gewinner.

Jahre später sollte es genau dieser junge Mensch sein, den ich gut kannte, der auch Hoden-Krebs bekam. Unsere zweite Intensiverfahrung, die wir aber beide als Gewinner teilen.

Ich möchte auch noch aus ganzem Herzen erwähnen, dass ich erst viele Jahre später erfahren habe, dass genau dieser Trainer wirklich an die Möglichkeit meines Erfolges im Sport geglaubt hat. Thank you!

Fliegen lernen

Um's Leben laufen

LIEBE

Ich wuchs auf, kollidierte mit Autoritäten, gewann mit 13,9 Jahren meine Unschuld und konzentrierte mich weiter auf das Leben. Bereits damals merkte ich, dass ich den Aktionen der "Mainstream-Jugend" nicht viel abgewinnen konnte. Ich hatte jedoch nie das Gefühl, prinzipiell einfach gegen etwas zu sein. Ich hatte vielmehr das Gefühl, dass sich in vielen Verhaltensmustern oder Kommunikationen einfach nichts Interessantes befand. Es hatte oft den Anschein, dass ich ein Besserwisser war, aber ich befand einfach, dass sie nicht automatisch Recht erhielten, nur weil sie alle dasselbe machten. Die meist größeren und beträchtlich Stärkeren meines Alters und die mit reichlich langarmiger Macht ausgestatteten Vorgesetzten konnten mich jedoch wunderbar wegdrücken oder für blöd erklären, worunter ich oft fett gelitten habe. Und wahrscheinlich entstand in dieser Zeit mein Gefühl, dass man mich zwar stumm machen konnte, meine eigene Wahrheit deshalb aber nicht aus mir verschwand. Ich lag mit kindlicher Sicherheit oft pubertierend daneben und ich gebe zu, dass es oft sehr spaßig war, meine Mitmenschen zum Durchdrehen zu bringen, bis ihnen von innen die Brille beschlug. Aber es ist doch sehr angenehm, dass sich heute viele an mich erinnern und sich freuen mich zu sehen und ich glaube, dass das sogar ein ehrliches Gefühl ist. Wir haben ein Stück zusammengelebt und es war immer sehr aufregend, weil ich neue Sachen finden wollte und der normale Ablauf einfach langweilig war. Das Schlimmste war wohl, wenn sie dann auch noch lachen mussten, aber eigentlich nicht durften oder wollten. Dann hab ich das Lachen gern übernommen.

Die Ersten, bei denen ich mich dann wirklich wohl-fühlte, waren die Mädchen. Sexuell hellauf interessiert und als erfahrener Masturbierer mit der Vorahnung, dass da noch mehr zu entdecken ist, hab ich mich lang-sam voran getapst. Was aber das eigentlich Wunder-bare an den weiblichen Süßigkeiten war - sie konnten mich verstehen. Ja, sie hörten gern zu und genossen die Nähe, die Stimmungen und kleinen Abenteuer-Geschichten, für die ich von den „Großen" bis dahin ausgelacht wurde. Ich war selig, endlich gern gesehen zu werden und so fing ich an, meinem Genußcharak-ter treu bleibend, mich darin zu baden. Ich legte meine Pfade von nun an so, dass sich die täglichen Wege tra-fen und ließ die Jungs, Jungs sein.

Die Frauen waren einfach schön warm und hatten ihre zarten, aber starken Seelen. Und sie erzählten nicht dauernd wie schlau sie waren. Sie waren einfach schlauer und sind es heute noch. Ich habe bis heute große Bewunderung für die Klarsicht und Weisheit der Frauen und möchte mich auch bei denen entschul-digen, deren Herzen ich bei meiner Traumfrauensuche verwundet habe. Noch heute sitze ich in der Bar, zu Feiern oder wo auch immer sich Menschen treffen lie-ber am Frauentisch. Mein Leben ist einfach so viel schöner geworden, als ihr in meiner Gefühlswelt auf-getaucht seid.

Es gibt viele schöne Begebenheiten aus dieser Zeit des Erblühens und der Wegfindung. Heute weiß ich, dass jeder Schritt seine kleine Wirkung hatte, dass es das ganze Leben dauert, bis man seine Bücher in dieser für jeden einzigartigen Liebesbibliothek halbwegs ge-ordnet hat. Es gibt irgendwie kaum Abkürzungen. Es gilt herauszufinden, welchen Irrtümern und falsch an-trainierten Verhaltensmustern wir eigentlich unterliegen. Und die vererbten Muster sind super getarnt und schwer zurückzulassen. Schwach zu sein als Mann, war, als ich jung war, unmöglich und nicht Mode. Frauen waren irgendwie immer "Zweitens" und das hat mich damals schon aufgeregt.

Trotzdem sorgte das "starke Geschlecht" mit einer Art "universaler Genehmigung" nicht nur für alle Kriege, Diskriminierung und jede Menge Schmerz, sondern auch für einen täglich ermüdenden Mobbing-Wettkampf. Natürlich gab es Ausnahmen, aber die waren nicht laut, sondern nur stark. Die Männer-freundschaften in meinem Leben von damals und heute, teile ich mit Freunden, die auch eine weiche und vergebende Seite haben. In meinem Leben erwies sich die Zusammenarbeit und Gesellschaft mit Frauen oder "nicht so harten" Männern als viel fruchtbarer und langlebiger.

Ich glaube wirklich, wenn die Welt nur von Müttern regiert werden würde, würden erstens die Kriege aus-fallen, weil keiner mehr hingeht und zweitens könnten die Männer endlich mal das tun, worin sie wirklich gut sind: angeln und Quatsch erzählen.

HERTA UND WAG

Meine Eltern waren in dieser Zeit super lockere Weg-begleiter.

Ob sich bei mir alle Haare aufstellten, als ich in den braunen Jugendweihe-Anzug musste oder ob ich im Landstreicheroutfit mit Petroleumlampe zum Dorf-tanz gegangen bin, ich durfte alles. Ebenfalls durfte ich mich nahezu uneingeschränkt mit dem Alkohol an-freunden. Und das war eine lange Freundschaft. Auch kleine Nachtbegleiter durften immer bei uns schlafen und bekamen gutes Frühstück, auch wenn das meistens noch nicht rein ging. Ich wurde allmählich bekannt für meinen 2-stündigen Discoschlaf von 23 bis ein Uhr, der mich, wenn er begann, wie eine Bewusstlosigkeit traf und unmittelbar dort einsetzte, wo ich geradestand oder schon lag. Als ich dann später wieder aufwachte wunderte ich mich immer, warum alle so in den Seilen hingen und wollte jetzt erst richtig losfeiern.

Auch in dieser Zeit gesellten sich höchst angenehme Menschen an meine Seite. Oft wird einem im Leben die Frage gestellt, wie viele gute Freunde man hat und gesagt, dass man doch froh sein kann, wenn es wenigstens zwei sind. Ich glaube, dass dieses Klischee für mich keine Existenzberechtigung hat. Es gibt in meinem Leben wenig Freunde fürs ganze Leben. Es gibt in meinem Leben immer Freunde für eine bestimmte Zeit. Sie tauchen immer zum besten Zeitpunkt auf und sind auch jedes Mal die Bestbesetzung. Das schloss nie aus, dass man verbunden blieb, jedoch die Hoch-Zeit bezog sich immer auf einen bestimmten Lebensabschnitt. Dass das so ist, macht mich sehr froh, weil ich mich deshalb schon jetzt auf ganz enge und herzliche Verbindungen freuen kann, die noch in der Zukunft liegen. Und jeder in diesem Kreis bringt etwas mit, was für unsere Weiterentwicklung absolut unentbehrlich ist.

Für mich war das damals mein Freund "Herta". Paar Jahre älter als ich und ein absoluter Momententscheider. Der geborene Landstreicher, der 1.000 Witze und Lieder kannte und in jeder Kneipe sofort am Stammtisch Platz nahm, um dort jedem das Gefühl zu vermitteln, dass er nur auf ihn gewartet hat. Und er war so herrlich weich. Mit ihm hatte ich wahrscheinlich die romantischsten Erzgebirgstrips. Große Hüte, Fransenjacken, Fransenstiefel – in der DDR natürlich selbst zusammengefummelt und deshalb sehr wertvoll. In seinem Vaterhaus hingen so viele Hinweisschilder, dass man, wenn man mal musste und alle Gebrauchsanweisungen gelesen hätte, wahrscheinlich nicht mehr musste. Ich möchte erwähnen, dass seine Eltern mich nicht so gern sahen, weil ich angeblich ihren Sohn zu komischen Sachen verführte?

Jeden Freitag sind wir, nachdem der Jugendclub gegen zwei Uhr früh schloss, zum Bahnhof der Schmalspur-Bimmelbahn gegurkt und haben den Ofen im Wagen des Schaffners angeheizt. Dort saßen und träumten wir dann von allem, was Tom Sawyer und Huck Finn für uns noch übriggelassen hatten. 4:55 Uhr kam der Schaffner und ließ die Bimmelbahn abfahren. Nach ein paar Mal hatte er sich schon an uns gewöhnt. Nach ca. einer Stunde waren wir im Morgengrauen am Cranzahler Bäcker, stiegen aus und beglückten die Warteschlange mit unserem neuen Wissensstand, halfen meistens noch einer alten Omi – Herta liebte alte Omis – beim Vordrängeln und nahmen den nächsten Zug zurück. Dann gabs frische Semmeln und wir fuhren auf einem Zugdach durchs Erzgebirge. Es war ein Traum.

Hier eine Bitte an dich, wenn du aus den alten Bundesländern kommst: Lerne Semmeln backen! Und wenn du aus den neuen Bundesländern kommst: Die Ostsemmel war nie so wichtig wie heute!

Herta hat mich gelehrt Interessantes zu sehen und dass unsere Regeln genauso gut waren wie die der anderen. Keinem anderen weh zu tun und niemanden zu erschrecken, war dabei immer die eiserne Regel. Wir sahen uns vielmehr als Gute-Laune-Engel. Herta hat dieses Feier-Leben nie aufgegeben und ist heute auf eigenem Wunsch selber Engel. Meine Gedanken zu seinem Tod? – Naja, das ist sehr dünnes Eis, auf dem ich nicht tanzen möchte. Er hatte ein weiches Herz, das ich in seinem ganzen Ausmaß spüren durfte. Anderen, denen er es gern gezeigt hätte, ist das vorenthalten geblieben. Bis bald mein Guter, ich weiß ja, wo ich dich finde, Meistro.

Ein anderer Mensch dieser Zeit - und auch heute noch mein liebster Freund aus dieser Zeit - war „dor Wag". Bei ihm bin ich mir bis heute nicht sicher, ob ihn die Sportführung erkoren hatte, mich bissel unter Kontrolle zu bringen. Er war erfolgreicher Nordisch Kombinierter mit Juniorenweltmeistertitel und ich weiß heute noch nicht richtig, was uns damals so aneinandergebunden hat. Er war eher der Richtigmacher. Feste Freundin, langsam Motorrad fahren und einfach nett. So ein feiner Kerl also. Wenn ich in diesem Augenblick versuche zu greifen, was es war, ist es glaub ich sein Humor und seine Schlauheit. Jawohl, er war scharf im Kopf und ich wollte alles wissen. Wir wurden unzertrennlich und entwickelten unsere eigene Sprache, die uns oft Rotz und Wasser lachen ließ. Ja, es war das Lachen während unserer unendlich langen Blödelkonversationen. Wir hätten auch 10 Sinnlos-CDs füllen können, wenn es sowas damals schon gegeben hätte. Es gab eine Zeit, in der unsere Gehirne parallel arbeiteten und wir synchron sprachen. Wir hatten uns dann Nickzeichen ausgemacht, die dem Angenickten sagten: "Sag du es". Ja, es war der Spaß, der uns verband und so geschah es, dass Wag sich mehr und mehr an meinen kleinen Unregelmäßigkeiten erfreute. Und ich fühlte mich pudelwohl, weil die Führung immer dachte, wenn ich mit ihm bin, geht alles seinen sozialistischen Gang. Nö! Es ging ab. Und so saßen wir immer öfter vor dem bunten, geknüpften Wandteppich des Clubleiters zur Aussprache. "Wir haben uns nichts dabei gedacht" war der Satz, der uns immer raushaute, weil er sowas wie ein Geständnis war und eine jugendliche Aufwachsdummheit vortäuschte und gleichzeitig bei ihm die Hoffnung weckte, dass wir schon bald anfangen würden zu "denken".

Und wir hatten schon angefangen zu denken und wollten aufhören mit dem Hochleistungssport. Weltmeister werden wir sowieso nicht mehr und der Rest wurde allmählich sehr anstrengend. Aber so einfach war das nicht. Da draußen wartete die richtige Welt mit Arbeit, von der wir doch so wenig wussten, wie sie sich anfühlt, wenn sie eintritt. Und trotzdem wollten wir raus. Die Sportführung akzeptierte unsere Entscheidung aber nicht. Der Staat hatte so viel in uns investiert und man sagte uns, wir müssen weiter machen. Da haben wir beschlossen, weiter Mist zu machen und nach einer guten Woche, kurz vor Fasching wurde ich in Unehren und Wag auf Grund seines guten Rufes, aus gesundheitlichen Gründen gefeuert. Wir haben uns seitdem nie aus den Augen verloren und wenn wir uns immer mal treffen ist das Gekäse frisch wie in guten alten Zeiten.

Da fällt mir doch gleich noch ein Spruch dazu ein: "Die gute alte Zeit ist heute."

Herta und ich

Wag mit Milch

NEIL

Wag hat auch noch einen anderen Menschen in mein Leben gerufen, der mich bis heute nicht verlassen hat. Ich bedaure all die Generationen der Menschheit, die ohne ihn auskommen mussten. Ladies and Gentlemen, meine tiefste Dankbarkeit gilt:

Neil Young.

Ja, auch jetzt habe ich Tränen in den Augen. Dieser philosophische Sängerpoet spielt irgendwie den Soundtrack zu meinem Leben und ist noch nicht fertig. Egal, was dir im Leben passiert, Onkel Neil hat einen Text, der es dich verstehen lässt. Ein Lied, das dich fliegen lässt, wenn du auf der Landstraße läufst. Oder eins zum Augen schließen, während du dir im Dorfsaal allen Frust in ungezähmter Wildheit heraustobst. Melodien zu schreiben, die in bestimmten Situationen das Erleben explodieren lassen, versetzen dich einfach in einen Schwebezustand der wie Lebensdoping ist. Neil ist nichts anderes als ein Bote, der dir kompromisslose Fragen stellt und dich zu dir führt.

Er hat rund 25 Jahre mehr auf seiner Lebensuhr als ich. Was mir den großen Vorteil bietet, dass er auf seinem Weg, mir voraus ist und schon an Eisbergen vorbeizog, die ich noch nicht sehe und von deren Gefahren ich noch keine Ahnung habe. Wenn ich also Erfahrungen brauche oder Antworten such, schwingt er sie mir dann manchmal, von seinem Leben vorverdaut, durch seine Songs ins Bewusstsein.

Nach meiner Auswanderung nach Kanada verstand ich dann auch den Rest seiner Texte noch und wurde selbst Musiker. Wenn ich jetzt manchmal musiziere gibt es keinen Zweifel, dass die lebende Welt, die Welt der großen Emotionen und spirituellen Wanderwege, meine Welt ist. Neil hat so viel nachhaltige Magie in mein Leben gebracht, dass es sich anfühlt, als hätte er mich miterzogen, als wäre er wirklich der gute weise Onkel, der zaubern kann und mir alle coolen Sachen zeigt. Der, der mich versteht wie kein anderer. Ich kann dich aus tiefstem Herzen einladen seine Musik in deinem Leben willkommen zu heißen. Solltest du diese Welt betreten, verspreche ich dir, dass hier vieles sehnsüchtig auf dich wartet und du dich später wundern wirst, wo du bisher rumgebummelt hast. Und wer hätte je gedacht, dass ich Neil mal einen Mikrofonständer schnitzen würde und auch das ist wirklich passiert.

Ich stehe mittlerweile selbst seit 15 Jahren auf den Bühnen dieser Welt. Schon vor einer ganzen Weile habe ich aufgehört, mich hinter Neil Young Covers zu verstecken und bin mutiger geworden, mein eigenes Ding zu machen. Aber es gibt keinen Abend, an dem ich das Scheinwerferlicht betrete und er mich nicht in irgendeiner Form begleitet oder durch die Anwesenheit seines wundervollen Zaubers ermutigt oder beruhigt.

Thank you Neil.

KRAFTVERKEHR

Der Sport war nun vorbei und ich war neunzehn.

Nun musste ich wohl etwas Richtiges lernen. Alle Regeln zur sauberen Lebensführung eines Leistungssportlers waren weg und acht Stunden Arbeit da. Inklusive An- und Abreise mit dem Eilbus war meine Lehre zum Autoschlosser täglich ein elfstündiges

Unternehmen. Naja, machen ja wohl alle so, muss also okay sein.

Ich betrat das Großtheater "Kraftverkehr Annaberg". Eine über die Notjahre der DDR zusammengewürfelte Ansammlung von Gebäuden, die "Spezial"-Werkstätten für LKWs, Busse und den unverwüstlichen Superstar der Ostflotte, den B 1000 beherbergten. Wir mussten alle Bereiche während der Lehre durchlaufen und jeder hatte seine eigene Kleinwelt mit Königen, Hofnarren, Dieben und alles was so dazu gehört, um das ganze Stück zu spielen. Ich war plötzlich einer Hierarchie ausgesetzt, die ich gleich gar nicht richtig begriff, da nicht immer der Beste oben stand, sondern oft der Älteste oder der mit recht enger, aber vertuschter Partei-Ehe. Und von uns Lehrlingen hatten sowieso alle die Schnauze voll. Also was nun?

170 Mark waren nicht der Durchbruch, aber schon recht schön, wenn man bedenkt, dass man als Jugendclubbesucher damals mit zehn Mark schon rolle-rund war.

Vielleicht kennst du auch das lähmende Gefühl, wenn man zum ersten Mal in einem neuen Bereich am Morgen die Werkstatthallen betritt, dich keiner kennt und beachtet und du auch nicht weißt, wem du wohl als erstes auf dem Schlips stehst.

"Halloo?"... Stille.

Irgendeiner erbarmte sich dann, den Neuling vorsichtig zu bewegen, um zu sehen, welches Werkzeug er sich wohl zuerst durch die Hand bohren würde. Wenn das nicht gleich geschah und dann noch das Signal kam, „Ich will was von dir lernen", war eine deutliche Entspannung zu verspüren. Und ich wollte wirklich was wissen. Ich und Tom, mein Lehrlingsfreund, der ebenfalls sofort begriff, dass die Flucht nach vorn der Weg in die Kaffeestube war. Eigentlich ein Tabu für uns. Wenn es uns aber gelang, die jeweiligen Meister mit erledigten Aufgaben zu beglücken und die Abteilungssprache zu lernen und anzuwenden, passierte es nicht selten, dass auch wir mit in diese heilige Kaffeestube durften. Die Meister legten sich dann meistens mit denen an, die uns als Lehrlinge erkannt hatten. Wir waren ja noch unwürdig und bald würden wir in ihren Abteilungen sein und dann würden wir schon sehen. Das Schlimmste war, wenn man aus Versehen auf einem Platz saß, der einem um Anerkennung ringendem König gehörte. Dann wurde laut angeklagt und man kroch beiseite wie ein Hund, der beim Stehlen erwischt wurde. Irgendwann erkannte man jedoch das ganze System und dass die Könige nicht die Könige waren, weil - wie immer im Sozialismus - es zwei Klassen gab. Die, die dachten sie bestimmen und auch ständig mit diesem Gefühl versorgt wurden und die, die die Schlitzohrigkeit und das Können besaßen, in der Unterwelt meines Landes ein vorzügliches Leben zu führen. In dieser Klasse gab es alles. Wernesgrüner Bier, Weihnachtssterne oder Autoersatzteile. Hier war also die Quelle. Das Handelssystem der Fernfahrer war ein Netzwerk von Sachenversorgern. Und wir reparierten ihre Trucks. Jetzt kann man leicht denken, das mussten wir ja sowieso. Aber die Frage war, wann? Also konnte man denen schon den ein oder anderen Gefallen tun, der dann mit Berliner H-Milch belohnt wurde. Denn alle Fahrer hassten Standzeiten.

Ein anderer sehr lustiger Nebeneffekt solcher Betriebe war die Sprache, die sie entwickelten und so lache ich heute immer noch über Worte wie "Flitzpiepe", "Gummihund" oder Sätze wie "Nu du hast 'ne

Ahnung". Und so werde ich wohl auch eine Reaktion nicht vergessen, die für mich das Symbol für brillante Menschenführung wurde.

Freitags war Aufräumen ab Mittag und es wurde peinlichst darauf geachtet, dass die "Lehrranzen", wie wir genannt wurden, spätestens 15 Uhr alles lecker sauber hatten. 16 Uhr war keiner mehr zu sehen. (Für alle Altbundesbürger, ein Meister verdiente 900 Mark. Wärst du da länger geblieben?) Also standen wir in den Werkstätten und warteten ab um drei.

Warten war aber nicht unsere Stärke. Und so hatten Tom und ich einen Luftschlauch entdeckt, in den man eine Alu Niete stecken konnte. Wenn Tom dann den Hahn aufdrehte, schoss die dann mit Schallgeschwindigkeit durch den Raum. Wir hatten gerade geladen und Tom zündete genau in dem Moment, als einer der Meister die Werkstatt durch die Holztür betrat. Hände in der Hüfte und fragendem Blick auf Tom und mich, spürte er blitzschnell, dass etwas nicht stimmte. Meistens war das auch so, weil sein geschultes Auge immer etwas fand, das noch nicht zu seiner Zufriedenheit erledigt war. Aber so sehr er sich auch umsah, er fand nichts außer die zerreißende Anspannung, die aus unseren Gesichtern zu kommen schien. Und dann war da noch die Spannung, die von dem Luftschlauch ausging. Der versuchte, mit 10 atü Überdruck das Geschoss abzufeuern, was ich mit meinem sich langsam biegenden Daumen zu verhindern versuchte. Des Meisters Augen glitten umher, bis sie endlich einen Müllkübel fanden, dessen Deckel vom Inhalt etwas nach oben gedrückt wurde. Er ging hin und der Kübel musste A sagen. Die Spannung war nicht zu übertreffen und auch Tom's vom Lachen aufgeblasene Backen halfen nicht, meinen Schlauch hinter meinem Rücken unter Kontrolle zu halten. Der Deckel fiel zu und als des Meisters Zunge sich zum Befehl zusammenzog, löste sich der Schuss. Während hinter mir ein wild luftsprudelnder Schlauch tanzte, schlug es in der Doppelneonröhre über dem Meister ein... Explosion, gefolgt von einem Glassplitterregen und Licht aus. Keiner konnte die verschiedenen Vorgänge sinnvoll zu irgendetwas verbinden. Nicht mal Tom, der mich im verbliebenem Restlicht anschaute, als ob ich ihm die Wirkung unserer Kanone verheimlicht hätte. Der Splitterregen lies nach und es wurde still. Wir blickten auf den Meister, der den Kopf schüttelte und dann in Arschruhe sagte "Soooo ein voller Kübel?! Und nochmal kehren bitte." Daraufhin verschwand er im Halbdunkel. Wir explodierten in einen atemberaubenden Lachkrampf und der Freude, dass es nur die Lampe war, die wir im wahrsten Sinne des Wortes umgenietet hatten. Jeder andere Meister hätte wohl blind vor Wut irgendetwas geschrien. Aber die guten haben die Nerven behalten.

Auch wenn er manchmal mit leicht zur Seite geneigtem Kopf die Frage in den Augen hatte: "Was war damals, freitags 15.30 Uhr?", wir waren mächtig stolz auf ihn und haben immer gern mit ihm gearbeitet.

Auf alle Fälle hat es jetzt eine Niete in ein Buch geschafft und Tom hat mich nie verpfiffen.

MUSTERUNG

Ein lebenslanges Arbeitsleben in einem solchen Betrieb war einfach unvorstellbar. Wie auch im Sport war es mir auch hier schwer gefallen unter Autoritäten zu arbeiten, die eigentlich keine waren. Für mich waren die meisten jedenfalls keine. Ich hatte auch damals kein Problem, Leuten zuzuhören und auch zu folgen, wenn sie eine gewisse Magie in sich beherbergten. Aber davon war wenig zu finden. Und so musste ich oft Leuten folgen, die den schlachtenden Satz "Das haben wir schon immer so gemacht!" verinnerlicht hatten.

Aber meine Räder drehten durch vor lauter Leben und so fand ich mich fortan in einer recht ratlosen Situation. Früher oder später würde ich also mit diesen "Chefs" zusammenknallen und wer diesen Kampf gewinnt, stand im Statut der SED. Die Zukunft sah also sehr grau aus und meine Ideen dies zu ändern waren auch sehr mager. Wohin ich auch schaute, sah alles ausladend aus. Überall Routine oder höchst fragwürdige Lebensläufe, waren zu sehen.

Ich frag mich heute noch, wo damals die Kunst in meinem Leben war. Theater, Musik und die gesamte Welt der Gaukler war mir bis dahin verborgen geblieben. Ich bin damals zwar vielen Musikfesten hinterhergezogen, kam aber nie auf die Idee, einfach mit dem Zirkus mitzuziehen. Wenn mir damals mein Vater nicht zu Hilfe gekommen wäre, hätte es glaub ich passieren können, dass ich ein paar Jahre dieses wertvollen Lebens in eine Richtung vertan hätte, die nicht meine war.

Aber was war ich? Wer wollte ich eigentlich sein?

Und so setzte sich mein Vater mit mir zusammen und wir schauten über das Land der Möglichkeiten. Kunst hatte bei meinem Vater nicht den Stellenwert eines Lebensunterhaltes und ich konnte damals nichts, was man hätte vortragen können. Jedenfalls nicht, ohne danach mit einem blauen Auge zu enden. Also Kunst war raus.

Zwei Sachen blieben mir, Handelsmarine oder Selbstständigkeit. Beides schien mir wundervoll befreiend, aber ewig weit hergeholt und langwierigen Antragskram mit sich zu bringen. Und so kam von meinem Vati der erlösende Vorschlag, Opas Dachdeckerei zu übernehmen. Ich glaube, dass Vatis Idee während des Redens entstanden und ich funktioniere heute noch genauso. Das Zusammenträumen von Projekten öffnet immer die erste Tür. Und so saß ich schon am nächsten Abend bei Opa und Oma am Tisch und war selig, dass mein neuer Abschnitt gleich beginnen konnte. Mein Vater hatte in mir das Gefühl erzeugt, dass alles geht. Und genau dieses Gefühl ließ die Fesseln der Gefangenschaft von meinen Knöcheln rutschen. Und so kam ich in Schwung und begann, Verantwortung für meine große Klappe zu übernehmen. Schiss hatte ich schon, aber das Gefühl der Entscheidungsfreiheit mit allen Konsequenzen, war die Freiheit, nach der ich suchte.

Aber da, genau in diesem Moment, erschien mein Befehl zur Musterung für den Pflichtwehrdienst der Nationalen Volksarmee. Scheiße. Jeder rechnete irgendwann damit, aber mich traf es wie ein Stein. Die kommen, um ein anderthalbes Jahr meines Lebens abzuholen und die ganze Wucht ihrer Überlegenheit war bis in den letzten Knochen spürbar. Da waren sie wieder, die Zeit-Diebe.

Übrigens - Das Gefühl keine Wahl zu haben, ist bis heute von mir nur unter größten Schmerzen zu ertragen.

Bei der "Wehrpflicht" als gezwungener Teilnehmer an diesem geistigen Durchfall mitzuwirken, wurde später auch ein Grund, nach Kanada zu gehen. Hier kann man wählen, ob man am Menschenkampf um Religionen oder an Streitigkeiten von alten Männern weltweit teilnehmen möchte. Ich dachte zwar immer, dass ich im Kriegsfall der mit dem Würstchenstand am Schlachtfeld-Rand sein werde, aber welche Wahl ich tatsächlich hatte, sollte mir umgehend mitgeteilt werden. Verweigerung hätte meinen Vater den Job gekostet und Vati hatte ich beim Sport schon genug geärgert.

Das Wehrkreiskommando befand sich in Annaberg. Eine alte Villa, die nach Diktatur roch und einfach kalt war. Umso überraschter war ich, als die Leute, die mich musterten recht okay zu sein schienen. Ich wurde auf Grund meiner Kfz-Ausbildung als Fahrer eines Offiziers zu den Panzern irgendwo in Mecklenburg gemustert. Das klang ja alles wenigstens halbschmerzhaft und ich war etwas erleichtert. Was ich damals nicht wusste, war dass alles zu einem größeren "in-die-Ecke-treib-Programm" gehörte, dem ich mit meiner 20-jährigen relativ systemtreuen Erfahrung schmerzlich erliegen sollte. Es kamen weitere Termine, Gespräche mit Verhörcharakter. Ich glaube heute rückblickend, dass ich mich sicher unwohl fühlte, aber ich hab trotzdem nichts geahnt.

Ich war damals so blind wie auf keinem anderen Gebiet meines Daseins und bin auch heute noch beschämt, das nicht erkannt zu haben.

DIE GUTE STASI

Da saß ich nun zum dritten Termin an einem langen Tisch. Gegenüber ein Bär in Uniform. Leicht nach vorn gebeugt, erklärte er mir, der Staat braucht mich an der Mauer in Berlin und ob ich mit verhindern wolle, dass Systemuntreue das Land verlassen können. Ich stammelte irgendeine Antwort, die nichts meinte und mich außerhalb des Ärgerbereiches hielt. Ich kannte die Mauer überhaupt nicht, aber ich spürte, dass sein Fragennetz engmaschiger wurde. Er redete mich komplett besoffen und brachte mich genau in die Ecke, aus der es in der DDR nur zwei Auswege gab. Großen Ärger oder einwilligen. Er hatte mich und er war gut in seinem Job. Ich unternahm noch einen Versuch, immer noch glaubend, dass der von der Armee war und sagte, dass ich nicht an die Mauer will und nicht schießen werde. Eiskalte Starre trat in sein Gesicht und er klappte sein Gezettel zu und verließ den Raum.

Scheiße – Ich hatte Angst. Er ließ mich warten, ewig warten und ich hörte durch die Wände, wie sie redeten und verstand natürlich nichts. Ich wurde fast verrückt und die Machtlosigkeit bereitete meine Kapitulation vor. Er kam herein mit den Worten "Wir behalten uns vor, Sie zum Wehrdienst einzuberufen, wenn wir es für notwendig halten."
Das hieß, sie konnten mein Leben zu jedem Zeitpunkt in den nächsten 10 Jahren unterbrechen und sich ihren Besitzanspruch herausbeißen. Leise piepste ich: „Was muss ich denn tun, da oben in Berlin?" Das Auftauchen meiner weißen Kapitulationsflagge machte ihn wieder lieb. Er setzte sich, nahm mich symbolisch in den Arm und erklärte mir, dass dort alles ganz normal abgeht. "Die Mauer ist ganz normaler Wehrdienst und alle, die da hinkommen, verpflichten sich sowieso Fahnenflucht zu verhindern, indem man aufeinander aufpasst". Und sollte bei einem ein Verdacht bestehen, wäre es besser, dass einem Vorgesetzten zu melden, als dass jemand oder vielleicht man selbst durch den

Schießbefehl in Schwierigkeiten kommt. "Das können ja auch nur familiäre Probleme sein", fügte er noch hinzu.

Ich weiß nicht warum, aber mir leuchtete ein, dass ich um jeden Preis eine Eskalation verhindern würde und er schob mir ein Papier hin, auf dem ich mir einen Decknamen aussuchen und unterschreiben sollte. „Unterschreiben Sie das und Sie werden im nächsten Monat eingezogen. Und wenn keiner abhauen will, hören Sie eh nichts mehr von uns." Ich unterschrieb und verließ benebelt mit festem Händedruck die Folterkammer.

Bei meinem Vater im Garten brach ca. zwei Stunden später in mir alles zusammen. Ich hatte ihm das ganze Ding geschildert und als ich fertig war sagte er: "Bist du denn verrückt? Du hast für die Stasi unterschrieben!" Ich hatte zu diesem Zeitpunkt keine Gegenwehr mehr und ich brach wieder in Tränen aus. Lange hielt ich meinen Kopf in den Händen, zu beschämt, um aufzuschauen. Irgendwann legte er dann seinen Arm um mich und begann mir die Geschichte von seinem Eintritt in die SED zu erzählen.

Sie hatten ihn vor den Olympischen Spielen, zu denen er als Physiotherapeut nominiert war, vor die Wahl gestellt - Partei oder du bleibst zu Hause. Er hatte das Mitgliedsbuch gewählt, weil er den Sport und seinen Job so liebte.

Wir waren beide keine Verräter, aber sie hatten uns zu etwas gezwungen, wovon sich Individualisten nur schwer wieder erholen. Man schämt sich, unter dem Druck kapituliert zu haben. Man sagt sich, dass es Wege gegeben hätte, ihnen zu trotzen, aber man nicht tapfer genug war. Mein Leben war mir zu wertvoll und ich hatte Angst vor ihrer radikalen Durchsetzung ihrer

Androhungen. Am besten war's, wenn sie einen nie gefragt haben, aber wenn dich die Stasi einmal auf dem Radar hatte, war es fast unmöglich, ihrem Netz zu entkommen. Viele Jahre später sollte ich erfahren, wie vielen Ex-Leistungssportlern und Freunden es genauso ergangen ist.

Natürlich wussten wir alle nichts voneinander und es dauerte bis weit nach dem Mauerfall, bis etwas Licht in den ganzen Schlamm kam.

E I N Z U G

Ich musste also meinen Plan, mein eigener Herr zu werden, um ein anderthalbes Jahr verschieben. Dachte ich jedenfalls und die auch. Und wieder einmal sollte alles anders kommen.

Mit dieser Geschichte berichte ich dir nun von einer der wildesten Zeiten meines Lebens, die für mich an der einen oder anderen Stelle, hätten auch ganz böse ausgehen können.

Ich stand also auf dem Unteren Bahnhof in Annaberg zum Abtransport und meine Eltern begleiteten mich auf den Bahnsteig. Das Gesicht einer besorgten Mutter kennt wohl jeder. Aber der verzweifelte – "Du kannst dort keinen Mist machen" – Blick meines Vaters, war mir unheimlich. „Du musst jetzt wirklich mal den Mund halten - dort!" Waren die Worte meiner Lieben, die sich glaub ich, sehr um mich gesorgt haben. Die Chance, dass ich dort ruhig bleibe, war eigentlich nicht da, also hofften sie einfach, dass ich irgendwie durchkommen würde. Und glaub es oder nicht, ich habe es echt versucht, mich stumm und taub zu machen, für den Armee-Quatsch. Kopf runter, auf die Zunge beißen und durch.

Ich kam ins Ausbildungs-Regiment nach Falkensee zum Fitmachen für die Mauer und da war schon das erste Mal Schluss mit ruhig bleiben. Jeden Morgen pfiff und schrie dich einer aus dem Traum. Es war scheißekalt im Zimmer und dein Nachbar furzte, während du dir Schwarz-Rot-Gold anzogst. Lederstiefel, Turnhose und Hemd. Dann rausrasen, in Viererreihe antreten und einfrieren. Jetzt kam der Henker. Unteroffizier "G", frisch von der „Uffz-Schule" und gefährlich wie ein Eifersüchtiger. Er war einer, bei dem schon beim ersten Anblick glasklar war, dass er nicht mein Freund werden würde. Er befand uns für zu laut und wir mussten wieder auf die Bude und nochmal ins Bett. Das wiederholte er trotz Stille im Glied noch zweimal. Als dann hunderte Soldaten wieder standen, trat er auf ein paar erhobene Stufen und schrie, wie wir das aus deutscher Geschichte kennen. "Hammse en Problem?" Eigentlich wollte er sagen "Mein Vater hat mich nie ernst genommen." Da platzte die Wut aus mir raus. Mein erster Impuls öffnete mir gewaltsam den Mund und rauskam. "Ja, du atmest noch." Wo ich das hergeholt habe, weiß ich bis heute nicht. Es war weder mein Stil noch der richtige Ort dafür.

"Wer war das?" brüllte der Herrscher. In mir schäumte die kalte Angst nach oben und ich dachte, jetzt geht es los. Aber es blieb ruhig und ich auch. Wir standen einfach nur stramm und stumm da. Was ich bis dahin nicht wusste, dass einige Soldaten nach dem Frühstück auf Urlaub sollten.

Sie ließen uns also stehen, bis wir schwarz wurden. Redeten Schwachsinn auf uns ein und ich blieb still. Nach Stunden versammelten sich die ersten Ehefrauen am Tor, um ihre Lieben zur Ehe abzuholen. Wir mussten aber weiter stramm stehen bleiben.

Mein Nebenmann begann mich zu drängeln, es zuzugeben und Unteroffizier „G" drohte nun mit Urlaubsverweigerung und allem was ihm einfiel. Meine Joker schienen verspielt zu sein und mein Mitsoldat würgte mir rein: "Wenn du es nicht sagst, sag ich es jetzt." Ich hob meinen Kopf wie ein Gefangener und hauchte "Dann sag's, ich sag es nicht! "

Er hat es nicht getan und ich danke heute noch der ganzen Kompanie dafür. Wegen euch bin ich gerade noch mal so davongekommen. Danach fiel es mir viel leichter, mein Maul zu halten. Kurz jedenfalls.

GRUNDAUSBILDUNG

Auf diesen Teil meines Lebens gehe ich gern etwas tiefer ein, da alles was die DDR ausgemacht hat, materiell und ideologisch, nicht mehr existiert.

Wie mich das Leben ausgerechnet wieder an den damaligen Hotspot der Welt gestellt hat, kann ich nicht herausfinden, aber es scheint die Geschichte meines Lebens zu sein. Aus heutiger Sicht ist es unglaublich, wie wir mit dieser Spannung eines drohenden Weltkrieges umgegangen sind. Ich habe in meiner Armeezeit, die im August 1989 begann, nicht nur viele Male meinen Kopf aus der Schlinge ziehen müssen, sondern oft den Galgen abgebrannt, um davonzukommen. Ich schreib hier nicht viel von der Grundausbildung, in der wir die Brutalität dieses Machtgefüges gespürt haben. Bis auf ganz Wenige hatte man es mit absolut frustrierten und über ihr Leben verzweifelten Seelen zu tun, die sich an uns entladen haben, um wenigstens den nächsten Tag zu überstehen. Mit Sicherheit war die Armee, neben den heutigen Industriegesellschaften, die größte Ansammlung an seelisch Liebeshungrigen, die ich je besucht habe. Doch damals war ich 20 Jahre alt und dachte, die sind einfach nur doof oder gemein.

Nachdem ich die erste Aktion gerade so überstanden hatte, begann das wohl bedeutendste und auch gefährlichste Kapitel meines Lebens.

Kurz nach meinem Dienstantritt kam schon die erste Nachrichtensperre und wir wurden von der Welt isoliert. Keine Zeitung, kein Urlaub, kein Radio. Im Land stank es nach etwas ganz Großem. Und ich vogelfreier Denktänzer musste mich selbst unter Kontrolle halten, weil sie gefährlich waren, die „Armisten". Wir hatten ein tägliches politisches Gehirnwaschen, ein Gespräch über Sozialismus und unser überlegenes Land. Vier Stunden jeden Tag und alle Soldaten und Offiziere schienen Ignorex gefressen zu haben, um sich gegenseitig anlügen zu können. Manche Soldaten mussten ihr Hirn aktiv anhalten, um eine sozialistische Antwort zu stammeln und sie taten es. Ich nicht.

Nicht weil ich patriotisch sein wollte, sondern weil ich die geplant gesprochene Unwahrheit einfach nicht aushalten kann. Und so flog ich 21-mal aus diesen Veranstaltungen, wurde angeschrien und hatte selten verpasst, den Leiter der Überzeugungsmaßnahmen zum Platzen gebracht zu haben.

Da trat er wieder in mein Leben, der Freund für diese Zeit. Unteroffizier „M". Bei ihm musste ich mich zur Bestrafung melden. Jedes einzelne Mal. Er hätte sonst was mit mir anstellen können. Ich war bei den Polits so verhasst, dass sie jede Strafe als gerechtfertigt betrachtet hätten. Ich wurde in sein Zimmer gebracht und er wies mich an, dieses zu säubern und verschwand. Ich hatte jedes Mal Schiss, dass etwas kommt, was mich endlich brechen würde. Aber nichts geschah. „M" kam und fragte, ob ich Tee möchte. Ich durfte mein Käppi abnehmen und trank Tee mit einem Menschen. „M" liebte mich und obwohl wir beide nicht schwul waren, betraten wir sofort die Sicherheitszone des anderen, in der sich "hetero-Männer" eigentlich so unwohl fühlen. Von diesem Moment an hat er auf mich aufgepasst und mich vor den meisten Bestrafungen gerettet.

Aber manche Uffze warteten, glaub ich, bis er aus dem Haus war, um mich mit einer Tasche über dem Kopf die Treppe hochspringen zu lassen und zu grölen, wenn ich diese dann runterstürzte.

PAUSE

An dieser Stelle des Buches gibt es Grund, das Schreiben über mich zu unterbrechen, denn es gab eine Frage, die im Osten in der Nachwendezeit für alle zur absoluten Gewissensfrage wurde.

War dein Freund bei der Stasi und wolltest du es wissen?

Für mich gab es darauf nur eine Antwort. Erstens hatte ich meine eigenen Erfahrungen mit unseren Stasisekretären gemacht und wusste also, dass es in den meisten Fällen fast unmöglich oder mit brutalen Konsequenzen verbunden war, nicht bei der Stasi zu sein, wenn sie dich ausgesucht hatten. Und zweitens wollte ich wissen, wie meine Beziehung zu „M" wirklich gewesen ist. Wichtig für mich und wichtig für das Buch.

Es hat paar Jahre gedauert, um zum Buch zurückzukehren. In dieser Zeit habe ich „M" und meine Antwort in Berlin gefunden, Kanada mit einem mit Gemüse-Öl betriebenen Schulbus durchquert und mich durch jede Menge gesundheitliche und spirituelle Hochs und Tiefs gelebt. Jetzt sitze ich wieder auf meinem Sofa im Yukon und es ist Zeit weiter zu erzählen. Hol dir etwas Rotwein und weiter geht's und mal sehn', vielleicht werden's ja auch zwei oder drei Bücher.

Herbst 1989 immer noch im Ausbildungsregiment Falkensee. Meine Zweifel an „M" begannen an einem Tag, der wohl der heißeste in der Geschichte des Mauerfalls war. Die ganze Welt gesehen aus dem inneren Blickwinkel eines „Schütze Arsch im ersten Glied" der Nationalen Volksarmee.

Wir, ca. 15 Soldaten, sind in unserem Zimmer. Keiner weiß wirklich, was an der Front kocht oder nicht, aber wir sind alle zu jung, um das wahre Ausmaß auch nur annähernd zu erfassen. Ins Zimmer tritt ein Major, den ich sowieso aufs Verrecken nicht leiden konnte. Er hatte einem Freund von mir bei einer Selbstverteidigungsvorführung einen Zahn rausgehauen. Ich musste damals all meine Wut erwürgen, um nicht auf ihn loszugehen. Also dieses verstörte Individuum, jetzt Entscheidungsträger über Krieg und Frieden, betritt unser Zimmer. Wir salutieren und er beginnt seine Rede. "Die Demonstranten werden heute versuchen vom Alexanderplatz mit Müttern und Kindern voran, Richtung Brandenburger Tor zu laufen und den Durchbruch provozieren." Mit anderen Worten: Du in deinem Schützengraben bekommst die Nachricht, dass die anderen jetzt kommen. Die Welt dreht sich in diesen Momenten nicht - nur dein Magen. Aber unser Major war noch nicht fertig. "Ihr werdet die doppelte Menge Munition erhalten (vier Magazine anstatt zwei) und euch vor dem Tor positionieren. Was werdet ihr tun, wenn sie auf euch zukommen?" Stille. Fragende Augen, die meisten irgendwo auf den Fußboden des mausgrauen Linoleums gerichtet. Mehr Stille. Und dann ich. "Also, ich würde nicht schießen und dann, wenn nichts mehr geht, durchs Tor rennen". Dann war noch mehr Stille. Befehlsverweigerung. Scheiße.

"Soldat Haustein, wollen Sie sich Ihre Antwort noch einmal überlegen?" "Jaaaa, ich würde mein Gewehr mitnehmen, damit niemandem etwas passiert!?" Noch mehr Scheiße. Aber es war gesagt. Sie führten mich ab, direkt in den Stasikeller. Alles von da an war wie im Film. Ich, der Gefangene, stehe mit meinem Abführer vor einer codierten Tür, die außen keinen Griff hatte. Und jetzt passierte es. Die Tür geht auf und „M" kommt raus, aber nur halb und für eine Sekunde treffen sich unsere Augen. Dann greift ihn eine Hand von hinten und zieht ihn wieder hinein und der Schrein schließt sich mit lautem Knall. Peng. Die Situation fiel im freien Fall von beschissen zu "Ach du Scheiße". Er – auch nicht auf meiner Seite? Die Tür geht wieder auf, ein anderer Offizieller übernimmt mich. „M" ist nicht mehr zu sehen. Ich werde in einen Raum geführt und ein Stasimann, der nicht salutiert werden will und auch nur halb in Uniform und halb im Feinrippunterhemd war, hält mir eine Schachtel Cabinet entgegen und fragt, ob ich einen Kaffee möchte. Das Gefühlskarussell der letzten zehn Minuten riss vom Fundament. Von Flucht, Angst, Wut,

Überraschung, Trauer bis zu oh ja, gib mir Drogen. Zigarette und Kaffee helfen jedem Nichtraucher am Galgen.

Das Verhör war alles andere, als was du jetzt erwartest. Da war nur er und ich. Er wusste viel über mich und mein Leben, kannte all meine Freunde im Heimatort Oberwiesenthal. Er wusste auch von meinen endlosen Eskapaden mit den Polit-Offizieren. Aber vor allem wusste er eins: unser Land begann sich zu bewegen, es streckte sich Richtung Freiheit und er wusste, dass sie, die alten Haudegen, nicht mehr wirklich am Steuer saßen. Er hätte jetzt im alten Ignorantenstil durchziehen können, rumschreien, mich einsperren oder mir sagen können „Mit solchen wie dir sind wir schon immer fertig geworden". Tat er aber nicht. Er blieb freundlich und verständnisvoll. Mir war scheißegal, ob das Strategie war oder nicht, ich nahm den Moment wie er war.

Wir waren sehr offen miteinander, fast liebevoll. Es ergab sich eine Situation, wie sie wohl in vielen Momenten am Ende von Kriegen zu finden ist. Das Theater verschwindet und die Wahrheit tritt ein. Der Kaffee und die Zigarette trug zu einer sehr bizarren Art von benebelter Entspannung bei. Ungefähr so, als wenn die Schlange mit der Maus was kifft.

Er gab mir den Rat, keinen weiteren Staub aufzuwirbeln und jede Art von Provokation von bestimmten Vorgesetzten zu schlucken. Er kannte diese Leute länger als ich und wusste um ihre Gefährlichkeit. Sagen konnte er das nur durch die Blume, aber er nahm dazu nur eine ganz kleine Mainelke. Ich fühlte mich mit ihm verbunden, als unser Gespräch dem Ende zuging.

Es gab also auch in dieser Armee Menschen, die wahre Sozialisten waren. Menschen, die meiner Meinung nach genau wie das Volk, das sie eigentlich beschützen sollten, die wahren Retter der friedlichen Revolution geworden sind.

Wir sind immer noch in der 3-monatigen Grundausbildung im Ausbildungsregiment und ich möchte an dieser Stelle einfügen, dass all das nicht an der Mauer passierte. Die Montagsdemos waren im vollen Gange, aber die Mauer stand unberührt, der Schießbefehl war Realität und meine Versetzung an den antiimperialistischen Schutzwall stand unmittelbar bevor.

Aber halt, der Tag ist nicht vorbei. Ich habe die Verabschiedung nicht genau in Erinnerung, aber es gab eine Nähe, eine Überlebenswichtige Nähe, zwischen uns. Er übergab mich an einen unterstellten Offizier im nächsten Raum mit dem Befehl, mich zu meiner Kompanie zurückzubringen. Dieser erinnerte mich sofort mit Stasistimme, dass ich doch den Vorgesetzten zu salutieren hätte. Widerwillig stellten wir uns beide in die dafür vorgesehene Körperhaltung und brachten es hinter uns. "Genosse, gestatten Sie, dass ich wegtrete?" "Treten Sie weg, Soldat!"

Als ich aus dem Keller geführt wurde und den Kasernenhof erreichte, saßen alle Soldaten auf den LKWs, fertig, um ans Brandenburger Tor zu fahren. Viele Soldaten, viele Gewehre, viele LKWs. Wir kamen an meinen Jungs vorbei und ich sah „M" auf einem der Laster. Dann rannten wir in den Major, dem ich den Befehl verweigert hatte. Wir sind einfach vorbeigelaufen. Von meinem Begleiter erhielt ich den Befehl, auf Wache im Objekt zu gehen. Die LKWs fuhren ab. Alle fuhren ab. Nur ich hatte Wache, ohne

Waffe, allein vor leeren Kasernen. Dann begann die Nacht.

Ich habe „M" später wiedergetroffen und erfahren, dass er nicht bei der Stasi war. „M" war ein wirklich Guter, ein Sozialist von Herzen. Einer, der wollte, dass unser kleines schönes Land glücklich wird, weil es gut zu seinen Menschen war. Wir sind Freunde geblieben und schauen gemeinsam mit der "Gänsehaut des Grauens" auf diese Zeit zurück, in der wir Kinder auf Messers Schneide stehen mussten, um nicht über die Klinge zu springen.

MAUEREINFÜHRUNG

Nach meiner Zeit in Falkensee kam die Versetzung ins Grenzregiment, also an die Mauer. Als wir das erste Mal die neue Kompanie betraten, zeigten sie uns das Gedenkzimmer eines hier gefallenen Soldaten. Sein Bett, seine Uniform, sein Zeug. Warnschuss ins Herz für kommende Aufgaben. Die Vorstellung, was an der Mauer passierte, ließ einem wenig Luft zum Atmen und es blieb nur die Hoffnung, dass es nicht an dem Platz passierte, an dem man selbst gerade war. Aber es war schon 53-mal passiert. Die NVA war ein Irren-haufen, in dem Dienstgrade absolute Macht bedeute-ten. Und jemand mit meinen Augen zündete in jedem frustriertem Vorgesetzen den dringenden Wunsch, mich zurecht zu richten. Dieses Ausgeliefertsein brachte mir in vielen Nächten unter meiner Bettdecke, leise weinend, oft den Gedanken, es nicht auszuhalten. Aber eine Alternative in einer noch funktionierenden Volksarmee gab es nicht. Ich musste ducken und sie hatten Spaß mich zu jagen. Außerdem wurde man so-fort von den Dreijährigen und den Entlassungskadern gefoltert. Vom im Spind eingesperrt sein und singen müssen bis zu ganz schlimmen Sachen, bekamen Leute wie ich, das volle Programm diktatorischer Beschissenheit zu spüren. Und so begann der Grenzdienst für mich im Hochsicherheitsbereich Europas. Als ich dann das erste Mal mit meiner Kalaschnikow, einem Schießbefehl im Kopf und einem Soldaten, den ich nicht kannte, direkt vorm antiimperialistischen Schutzwall stand, bemerkte ich als erstes, dass die Mauer verkehrt herum aufgebaut war.

Alle Zäune, Überklettersperren, Alarmanlagen und Starkstromgitter zeigten zu uns. Der Klassenfeind konnte jedoch mit einer Baumarkt-Leiter bis an die Mauer laufen, wobei uns gleichzeitig ein geharkter Sandstreifen von ihr fernhielt. Ich war verwirrt. Die Atmosphäre, in diesem Niemandsland zu stehen, mit der Aufgabe es unberührt zu halten, gab einem das Gefühl, nicht im wahren Leben zu sein. Ein Zustand, der wohl in jedem Krieg Menschen in Soldaten verwandelt. Ich begriff zum ersten Mal, dass der Ernstfall nicht in menschlich nachvollziehbarer Wirklichkeit, sondern in einem narkotisierten Angstzustand passiert. In dieser mir bis dahin unbekannten Ebene war alles möglich. Die Angst, eventuelle Zwischenfälle dann im wahren Leben zu verantworten und ausleiden zu müssen, ließ alle meine Sinne aufs Äußerste erwachen.

Ich beschloss, dass nichts passieren würde, um keinen Preis.

Mein Grenz-Trabi „Der Kübel"

MEINE MAUER

Ich diente in Potsdam, Grenzregiment X. Wie schon gesagt, Grenzdienste sind ein bizarres Ding. Sie beginnen wie folgt: 24 Stunden geteilt durch drei ist acht. Acht Stunden reine Mauerzeit und ca. eine Stunde Vor- und Nachbereitung. Je nach Winter- oder Sommerbefehl das richtige Zeug anziehen, dabei schon so viel wie möglich unerlaubte Dinge, wie Kerzen, kleine Bücher und superverbotene Radios in die Klamotten schmuggeln. Manchmal auch einen selbstgebauten Heizer. Dazu aber später, denn der ging nur auf dem Beobachtungsturm und man wusste ja nie vorher, wo der Grenzdienst stattfand, was Teil der Kontrolltaktik unseres „Systems" war. Dann Waffenempfang, zwei Magazine und ein russisches unkaputtbares Sturm- und Sumpfgewehr. Um ehrlich zu sein, es war nicht unangenehm eine Waffe zu tragen. Die Konsequenz der Benutzung einer solchen war weit in die Surrealität verdrängt worden und es überwog das unerklärliche Gefühl, dass es mit einem Gewehr besser war als ohne.

Fühlt sich für mich aus heutiger Sicht etwas komisch an, war aber so - sorry.

Vorbereitung zur Vergatterung. Ich war Fahrer, also durfte ich jetzt meinen Kampftrabant aus der Garage holen. Ich hab noch ein Bild vom ihm. Das coolste Cabrio, das der Sozialismus je gebaut hat. Er hatte eine Sirokkko Heizung (Diesel), die aber nicht ging, weil es zu wenige Glühkerzen dafür gab. Die höheren Dienstgrade haben sie den niederen Soldaten ausgebaut und für sich behalten. Das machte ein kuschelig warmes

Auto zu einem Superkühlschrank im Winter. Aber es war ja nicht immer kalt.

Also Trabi raus und zum Vergatterungsplatz. Dort stellten sich jetzt alle Fußsoldaten, Motorräder, LKWs und Trabis in Hufeisenform auf und ein Oberschreihals stellte sich in die Mitte und wir schworen, dass wir keinen aus dem Land oder keinen in das Land lassen würden und das unter Einsatz unseres Lebens. Keiner hörte wirklich zu, weil im Falle eines Falles war man eh am Arsch, mit oder ohne Schwur.

Das für mich Aufregendste an diesen Veranstaltungen waren für mich die Hunde der Hundestaffel. Die Hunde waren super aufgeregt, auf die LKWs zu springen. Sie liebten den Dienst über alles, waren aber zu unterwürfig und super abgerichtet, um sich zu rühren. So saßen sie in Sitzposition, manchmal fast hundert von ihnen. Nicht einen Mucks machend, aber bald platzend vor Aufregung.

An dieser Stelle hab ich mich hoffnungslos in Hunde verliebt. Jetzt in diesem Moment, als ich diese Worte schreibe, habe ich neun Huskys im Garten sitzen, die nur auf mich warten, dass ich endlich das Buchschreiben weglege, wir anspannen und aus dem Grundstück explodieren können. All meine Hundegeschichten begannen auf dem Vergatterungsplatz in Potsdam, als sich die treuen Seelen der Mauerhunde in mein Herz gruben.

Einmal habe ich die Vergatterung platzen lassen. Es war Advent und ich war bei der Aufstellung der Fahrzeuge etwas spät dran. So spät, dass sie auf mich warten mussten. Aber ich war noch nicht fertig, meinen Trabant zu schmücken. Ich hatte Baumkugeln an der Antenne, überall Lametta und ein Kerzel auf dem

Armaturenbrett. Ich konnte nur langsam auf den Platz fahren, weil sonst die Kerze ausging. Als ich in meine Position rollte, den Motor abstellte und neben dem Fahrzeug Aufstellung nahm, war es sehr ruhig. Jetzt hieß es Spucke runterschlucken und warten.

Es war wundervoll, hunderte von Soldaten begannen zu grinsen. Ich hatte genau den Weihnachtsnerv getroffen. Bei aller Überzeugtheit über den Sinn der sozialistischen Grenzschutzmaßnahmen von einigen, dachte wohl die Masse sofort an ihre Lieben zu Hause. Räucherkerzen, Butterstollen und die Schlüpfer der Liebsten, in denen hoffentlich nicht gerade ein Weihnachtsnachbar rumfummelte. Was machten wir hier eigentlich? Naja, so stand die Frage nicht in einer Diktatur. Aber der plötzliche Weihnachtsüberfall brachte Wärme in die Augen aller. Natürlich wurde ich höflich angeschrien und musste die Deko ändern, aber es gab keine Strafe.

Dann ging es los. „Alles aufsitzen" und durch Berlin rasen, bis man das Stück Mauer gefunden hatte, was man beschützen sollte. Wieder alle in Reihe aufstellen, Waffe laden und erst dann ging es in den Todesstreifen. Die vorherige Schicht meldete, dass nichts vorgekommen war und dann fand jeder seinen Abschnitt und begann zu beschützen. Über die nächsten acht Stunden gibt es natürlich viel zu erzählen.

Ich habe an der Mauer den kompletten Zerfall der DDR miterlebt, vom ganz normalen Grenzdienst der intakten DDR mit Schießbefehl, bis zur Umgestaltung des Niemandslandes zum Internationalen Wanderweg. Alles kann ich hier nicht erzählen, aber ich werde dich durch die für mich bewegendsten Geschichten führen. Glücklicherweise und das möchte ich gleich zum Anfang sagen, musste ich nie schießen.

Hier kommen nun zwei Geschichten, die wohl als "Insiderstory" vom Mauerfall bezeichnet werden können. In beiden, wenn ich heute zurückschaue, war ich jeweils Held und Idiot zur selben Zeit. Diese Mischung war es wahrscheinlich, die Schlimmeres verhindert hatte. Heute sehe ich immer lächelnd Parallelen zu Forrest Gump. Du weißt nicht, wie du in die Situation gekommen bist, aber wenn du schon mal drin bist, ergeben sich die logischen Schritte von selbst.

Also auf, zur ersten Geschichte - Grenzdienst in einer Sektion der Mauer mit einer rechtwinkligen Ecke.

Diese Ecken waren die ersten Plätze, wo die Mauerspechte von der Westseite kleine Löcher in die Mauer gepickert haben. Ich bin auf dem Kolonnenweg und warte auf meinen Führungsunteroffizier, der auf einen Beobachtungsturm gestiegen war, um sich bei den anderen da oben aufzuwärmen. Ich schaute auf das kleine Loch in der Mauer, als ein kleiner schwarzer Junge von der Westseite durch jenes kroch und urplötzlich auf dem KS-Streifen (auch Todesstreifen genannt) stand. Diese Sektion war ca. 30 Meter breit, maschinell glatt gezogener Sand, fußspurenfrei, vielleicht vermint und absolutes "No-Go-Land" für Jedermann.

Da stand er nun, der Kleine. Allein, mit seinem LA Raider Baseball Cap und seinen Riesenaugen. Durch die Mauer fummelte ein Arm, offensichtlich stark bemüht, den Kleinen wieder rückwärts durch die Mauer zu reißen, aber Junior war ca. zwei Meter zu weit gegangen. Ich lehnte mein Gewehr gegen mein Auto und begann, auf den Kleinen zuzulaufen. Das Erste was mir in den Sinn kam, waren die Minen. Manche sagten, da waren nie welche und andere behaupteten das Gegenteil. Manchmal sahen wir einen Traktor über den Sand fahren, um ihn perfekt glattzuziehen. Die Traktoren flogen nie in die Luft, aber beruhigend war das alles trotzdem nicht.

Mein Herz flog fast aus mir raus, aber ich ging weiter. Plötzlich spürte ich, dass ich jetzt der war, der Spuren auf dem verbotenen Sand machte und Richtung Mauer lief. Das war genau die Situation, in der Soldaten in der Vergangenheit Soldaten erschossen hatten. Sicher hatte die politische Lage unseren Schießbefehl etwas aufgeweicht, aber er bestand immer noch und ich war gerade dabei herauszufinden, ob sich noch jemand daranhielt. Ich ging weiter. Dann flogen die Fenster der Beobachtungstürme auf und Waffen wurden sehr hörbar geladen. Ich habe mich nicht umgedreht, auch der Spruch: "Halt! Grenzposten! Stehen bleiben oder ich mache von der Schusswaffe Gebrauch!", kam nicht. Ich erreichte den Kleinen, der jetzt wie gefroren vor mir stand. Obwohl er ein kleines Kind war begriff er, dass die Welt, in die er durch das kleine Loch getaucht war lebensgefährlich ist. Die Spannung auf den Türmen war an Stille nicht zu übertreffen. Ich packte den Kleinen und stopfte ihn zurück durch den antiimperialistischen Schutzwall. Sein Vater nahm ihn mir aus der Hand und hatte wahrscheinlich den glücklichsten Moment seines Lebens. Er war kein Unwissender, wie er mir auf halb englisch halb deutsch erklärte. Er war ein Ex-Marine der amerikanischen Besatzungszone und hatte auf der anderen Seite gedient. Als er zu Hause in den USA vom eventuellen Fall der Mauer hörte, war er rüber geflogen, um es mitzuerleben und dabei war ihm sein Sprössling entwischt. Zum Dank reichte er mir die Mütze seines Kleinen durch die Mauer und ich gab ihm meine „Bävo". Darf man in einem Buch eigentlich Bärenvotze sagen? So hieß die Wintermütze im Volksarmeemund. Als ich jetzt loslief und versuchte, meine eigenen Fußtapsen wieder zu treffen, sah ich zum ersten Mal, in welcher furchtbaren Situation die anderen Soldaten gewesen waren. Als ich wieder auf dem Kolonnenweg ankam, begannen alle wieder zu atmen. Die vom Turm kamen die Eisenleiter runtergestürzt, inklusive meines Unteroffiziers. Ich bekam meine verbale Abreibung. Sie hatten ja jetzt den Job, diesen internationalen Zwischenfall ihren Vorgesetzten zu melden und ihr Verhalten zu erklären. Und ich, Schütze Arsch, stieg in mein Auto ein und versuchte das Happy End als Ausgang der Geschichte anzunehmen. Das dauerte aber eine Weile. Was ich gleich feiern konnte, war mein neues Basecap. Wenigstens wären die LA Raiders auf mich stolz gewesen. Ich hab das Ding für viele Jahre getragen, bis es sich auf meinem Kopf aufgelöst hat. Ich denk heute noch oft an den Kleinen. Vielleicht spielt er Baseball, er müsste jetzt um die 40 sein.

Die zweite Geschichte fand an einem der wohl speziellsten Plätze statt, die der Grenzverlauf geboten hat.

Es war entweder in Kleinmachnow oder Klein Glienicke, zweites eher. Du kannst dir sicher das Dorf der Gallier von Asterix und Obelix vor dein geistiges Auge rufen. Solche Stellen gab es an der Mauer auch. Sie waren blasenförmige, fast komplett geschlossene Ausbuchtungen in das jeweils andere Land, mit einem sehr schmalen Eingang. Diese Enklaven waren kleine Länder im eigenen Land. Sie waren so groß wie ein Minidorf, umrandet mit einer Doppelmauer, mit vielen Zwischentoren und waren mit einem zusätzlichen

Sicherheitscode-System ausgestattet. Der Eingang in diese Gebiete war nochmal sowas wie ein Grenzübergang mit Personalausweis und so.

In diesen Kleinwelten wohnten auf Grund ihrer strategischen Außergewöhnlichkeit nur Staatstreue mit ihren Familien. Dort drin war's wie im Märchenland. Sie hatten kleine Schulen, die feinsten alten Villen, kleine Läden und eine Kneipe und manchmal sogar einen kleinen Friedhof. Selbst wir durften da nicht rein. Natürlich war ich frecher Weise mal gucken. Wenn ich grad so überlege, ist es schon ein Hochgenuss, dass ich dir das heute alles so erzählen kann. War damals alles super top-secret gewesen und ich war "James Blond". Weiß auch nicht, was die sich gedacht hatten, ausgerechnet mich dort hinzustellen.

Diese speziellen Grenzgebiete waren furchterregend und romantisch zugleich. Wie ein Märchenwald, der von einem Schwerverbrecher-Gefängnis umzingelt ist. Parallel verlaufende 3,20 Meter hohe Mauern mit einem Grenzweg dazwischen. Alle paar hundert Meter ein Stahltor, von Mauer zu Mauer, den nächsten Abschnitt trennend. Man sah nur den Himmel, wenn man da drin war.

Ich war also in solch einem Kasten mit einem anderen Gefreiten. In dunkler Nacht und mit nichts, auf das wir schauen konnten, entdeckten wir ein Loch in der Mauer zum Westen. An und für sich nichts, was wir noch nicht gesehen hatten und doch war diesmal alles anders. Wir schauten uns an und so langsam stieg in uns geisterhaft die Wahrheit auf, dass wir mit dem Loch ganz allein waren. Hinter uns und vor uns die Mauer und an beiden Seiten die Hochsicherheitstore, die nur mit unserer Anmeldung von uns selbst geöffnet werden konnten. Und plötzlich hatten wir zwei kleinen Soldaten ein Stück Berliner Mauer mit Öffnung zum Westen komplett unter unserer Kontrolle. Unser Blut blieb stehen, als wir wechselseitig in unsere Augen und wieder zum Loch schauten.

Na, dreimal darfste raten, was dann passiert ist. Nach kurzem wortlosen Vertrauensvertrag ging's durchs Loch. Als wir beiden Mauersoldaten auf der anderen Seite wieder die Uniform richteten und die Gewehre geraderückten, standen wir im Westen. Der "Alles ist anders Westen". Der Westen, wo Produkte gut rochen, wo Autos zu verkaufen und bunte Bilder in den Zeitungen waren. Der Westen, der uns umbringen wollte und wo Drogentote in Bahnhofsklos lagen. Die Welt, deren Mark zehnmal so viel kaufen konnte wie unsere und wo Phil Collins so laut gespielt hatte, dass man es auch in unserem Berlin hörte. Und wir kamen aus einem Loch, hinter dem sie uns erschossen hätten für das, was wir gerade getan hatten.

Das Loch sah auf einmal ganz anders aus. Als wir aus unserem Stillstandskoma aufwachten, begannen wir uns wie zwei Frontscouts umzusehen. Wir waren in einer Art Eigenheimsiedlung gelandet. Die Häuser sahen alle wie neu aus, mit Farbe dran und feinen Dächern drauf.

Niemand war zu sehen und wir begannen tiefer ins Land einzudringen. Ein Hund hat uns fast um den Verstand erschrocken, wurde aber vom Zaun gestoppt. Wir liefen weiter und kamen an ein Haus ohne Zaun und Hund. Wahrscheinlich war ich es, der die brillante Idee hatte – "Na los, klingeln wir mal". Gesagt, geklingelt. Die Tür geht auf und ein John Lennon Typ mit Nickelbrille sagt: "Ja bitte?" Dann wurden seine Augen größer als seine Nickelbrille und Angst übernahm den Moment. Ich merkte ziemlich blitzartig, dass wir mit Uniform und Kalaschnikow nicht lieblich aussahen. Ich versicherte ihm, dass wir in Frieden kommen und er uns einen Riesengefallen tun würde, wenn er jetzt nicht durchdreht und uns reinlässt. Lautlos trat er beiseite und wir betraten das Haus. Seine Frau und seine Tochter wussten sofort, dass etwas ganz Großes passiert war und kamen, um uns anzusehen. Der Mann befahl seiner Tochter, in ihr Zimmer zu gehen und nicht herauszukommen. Seine Frau und er nahmen auf zwei Stühlen Platz. Sie fühlten sich bedroht und es war ihnen höchst unangenehm. Wir stellten die Gewehre ab und versuchten die Lage abzukühlen und begannen zu erzählen, wie es zu diesem historischen Treffen gekommen war. So langsam wurde uns allen bewusst, dass gerade Welt-Geschichte passiert. Die Geschichte, über die später mal Bücher geschrieben werden und von der man sich erzählt - ich war dabei!

Dann gab es Tee. Wir redeten über die Mauer und wie alles von ihrer Seite aussah, dass sie Lehrer waren und wahrscheinlich war jeder zweite Satz eine Unglaublichkeitserklärung, dass das ja jetzt wirklich alles gerade passierte. Dann fragte er höflich, ob er denn ein Foto machen dürfte. Wir fühlten uns geehrt und posierten mit den beiden wie mit alten Freunden, die gerade aus dem Krieg nach Hause gekommen waren.

Die Aufregung und der ständige Blick zum Funkgerät machten uns jedoch bald rastlos. Wir bedankten uns und drückten die beiden zum Abschied. Nicht lange danach beendete ein Schlupf durchs Loch unseren ersten Westbesuch und es war wohl das einzige Mal in der Geschichte der Mauer, dass das Überwinden eines Hochsicherheitsbereichs ein Gefühl erzeugte, wieder in Sicherheit zu sein.

Wahnsinn, wir waren im Westen und keiner hat's gemerkt... und wir sind wiedergekommen und alles. Mensch! Der Rest der Schicht war ein Adrenalincocktail orgastischen Ausmaßes - gemixt mit Zweifel, Stolz und Unverständnis. Sie endete mit gefalteten Händen und dem Wunsch ans Universum, dass der Lehrer doch bitte die Bilder nicht morgen früh an die Bildzeitung schickt.

Hat er nicht, der Gute. Er hat sie mir geschickt, ca. ein Jahr nach dem Mauerfall, als alles sicher war. Vielen Dank, mein Freund. Ich hab die Familie noch zweimal besucht im vereinigten Deutschland. Wir haben immer Tee getrunken und uns über unsere gemeinsame Geschichte gefreut. Ihre Umgebung hat sich mit dem Wegfall der Mauer dramatisch verändert. In den schönen Ostvillen wohnen jetzt Neureiche und nichts erinnert mehr an die graue Wand, die hinter dem Lehrerhaus stand, in dem es so gut duftenden Tee gab.

Geschichte

Meine Mauer

Honni der Weihnachtsmann

Liebe Eltern, liebe Meline

Ich schreibe Euch gleich von meinem 1.
Grenzdienst wieder. Ich habe Nachtdienst
und ich sitze auf in einem Turm am See
Es ist ziemlich kalt aber das macht nichts
denn es hat sich viel verändert. Die Stimmung
ist eine ganz andere wie vor dem Urlaub.
Ein paar Anlagen und schon verschwinden
und auch so geht es viel viel lockerer zu
als sonst. Fast stündlich kommen neue Befehle
raus die den Grenzdienst erleichtern.

Ein paar Leute haben sie schon abgezogen
und es soll weiter gehen. drastisch Von
150 auf 50 pro Einheit und wir werden
wieder Zoll zum 12 Parteitag. Die Politiker
sind völlig von der Rolle und hören uns
jetzt zu. Zivil wo's geht und fahren in den
Westteil kann auch noch kommen. In
Potsdam fahren Westberliner Doppelstock-
busse Linienverkehr. Man kann ein-
steigen und ab. McDonald's holt seine
Gäste auch hier ab.

Brief an meine Eltern

Die Grenzgebietsschilder haben sie
abgebaut und gleich unter sich verteilt
Die Bevölkerung hat den Soldaten Schnapps
ausgeschänkt bei jedem Schild.
Heute habe ich Euer Packet erhalten
Vielen Dank für die vielen schönen
Sachen. Auch noch mal vielen Dank
für das was Nadine mir mit gegeben
hat. Der Baumschmuck und das Männl
ist verkauft. Die Kerze die mich wärmt
ist jetzt fast abgebrannt und mein Dienst

neigt dem Ende. Nächster Urlaub ist
voraussichtlich 15–21 Dez. Da ist übrigens
auch Nürnberger Christkindelmarkt. Betz
hat mir geschrieben. Ihm geht es genau
so gut wie es mir ging. So warten wir
ob was passiert und halten mir die Daumen

Tschüss Euer Holger
439 Tage

Brief an meine Eltern

Besuch im Grenzstreifen

DIE FAHNENFLUCHT

Die Ost-Armee war schon ein interessanter Haufen in diesen Tagen und so kam es zu Folgendem.

Wir durften plötzlich als Angehörige der NVA in den Westen in den Ausgang. Wir sind also mit Wehrdienstausweis als Soldaten in ein anderes Land zum Biertrinken in Uniform gegangen, während wir im Grenzdienst unsere Mauer noch mit Schießbefehl verteidigten. Totaler Wahnsinn. Oder?

Hier noch ein Beispiel, was damals hinter dem Eisernen Vorhang so möglich war. Ich hatte mich in den Besitz von einem DDR-Grenzschild gebracht. Das waren die, auf denen stand „Halt! Staatsgrenze! Weitergehen verboten! Sie verlassen den sowjetischen Sektor!" Ein in dieser Zeit gern genommenes Souvenir, das ich besorgt hatte und mit nach Westberlin in den Ausgang nahm. Dort gab es jede Menge Ramsch-Läden, die alles was es gibt an- und verkaufen. Ich also rein mit meinem Schild und raus mit einer Südstaaten-Fahne. Die Fahne hat mir schon immer gefetzt und die Musik von dort auch. Hab sogar noch paar Westmark draufgekriegt. Leider muss ich zugeben, dass ich vom "Civil War" der Nord- und Südstaaten als 19-jähriger Ossi null Dunst hatte. Der Händler ist wahrscheinlich vor Lachen mit meinem Schild zusammengebrochen wie unsere Mauer.

Mit meinem Freund hab ich dann die paar Westmark sofort in Bier und Schnaps verwandelt und dann sind wir mit dem Doppeldeckerbus zur Kaserne zurückgefahren. Das Bier und der Schnaps hatten ihre Wirkung getan und die brauchten wir auch. So viel Wende kann keine Sau ohne Alkohol aushalten. Wir waren mitten auf dem Spielplatz der Geschichte.

Keiner wusste, was hier eigentlich gerade los war. Also torkelten wir mit unserem neuen Banner unterm Arm am UvD (Armeepförtner) vorbei und wackelten Richtung Behausung.

Als wir am großen Appellplatz vorbeikamen, blitzte mich für einen Moment der Fahnenmast an. Moment oder besser: Mooooment ... hick ... Hast du schon mal besoffen einen Fahnenmast hochgeschaut. Das eiert und dann haut's dich um. Da stand er nun, der Mast mit wehender DDR-Fahne. Heilig und unberührt wie die Honecker-Bilder.

Bisschen komisch war uns schon, als wir sie runterließen, die Schwarz-Rot-Goldene mit Ährenkranz. Normalerweise war da immer bei Halbmast Schluss mit runterlassen, wenn mal ein Großartiger gestorben war und dann ging's wieder rauf für den Arbeiter und Bauern Wimpel.

Aber diesmal kam er ganz runter und wurde durch meine neue Flagge ersetzt. Und so marschierten die Soldaten am nächsten Morgen, bis es von den Autoritäten bemerkt wurde, unter einer anderen Fahne. Die Schwarz-Rot-Goldene hatte ich im Zimmer versteckt. Ich hatte also nach all dem Gewühle ein DDR-Grenzschild gegen eine DDR-Fahne getauscht.

So irre war die Zeit, als sie fiel, die Mauer um unser Berlin.

BESSY'S RAUSWURF

So langsam begann sie sich aufzulösen, die NVA. Die Grenztruppen sollten wieder Zoll werden und das hieß, dass wir den Pflichtwehrdienst also in voller Länge absolvieren sollten.

In diesem Herbst gab es einen großen Herbststurm und ihr wisst ja, dass ich, Holly, genau wie Honni, Dachdecker war. Der Wind hatte hunderte Dächer in Deutschland abgedeckt und so schrieb ich ein Entlassungsgesuch. Mit der Begründung, dass mein Großvater mich im Familienbetrieb braucht, versuchte ich, aus dieser Anstalt herauszukommen, bevor einer durchdreht. In dieser Zeit war die Erleichterung, dass alles etwas entspannter war, deutlich überschattet von der Todesangst, die so langsam in den Offizieren aufkam. Am Ende eines Krieges, auch wenn es nur ein kalter war, drohte denen jetzt alles, was sie vorher allen anderen angetan hatten. Die Fieberkurve ging nach oben. Mein Entlassungsgesuch blieb unbeantwortet. Und schlimmer, ich wurde an meinem letzten Tag, von dem ich nicht wusste, dass es der letzte war, zu den Pionieren versetzt.

Ein Truppenteil, der mit dem Abbau der Grenzanlagen beschäftigt war und deshalb null Chance auf vorzeitige Entlassung hatte. Weil ich der Einzige war, der versetzt wurde, glaube ich, dass diese Versetzung dorthin eine persönliche Rache-Aktion eines mir nicht zugetanen Offiziers war.

Ich zog also mit meinem Zeug in ein neues Regiment und hatte dennoch an diesem besagten Tag einen Grenzdienst zu schieben. Dieser endete am frühen Morgen im Schneesturm und ich ging in mein altes Regiment, um meine Waffe abzugeben. Die Waffe wurde mir abgenommen und ich, völlig ermüdet, zurück auf den Kasernenhof zum Schnee schaufeln geschickt. Allein um fünf Uhr morgens auf dem Scheiß-Hof.

Irgendetwas stimmte nicht. Aber ich konnte meinen Finger nicht drauflegen, sie redeten aber da drin über mich. Als ich dann den meisten Schnee versteckt hatte, ging ich rein und wurde sofort noch weiter rein gerufen. Und zwar in das Zimmer des diensthabenden Offiziers. Ich erhielt zu meinem Erstaunen meinen letzten Befehl: „Bis Elfhundert haben Sie das Objekt zu verlassen. Ihre Dienstzeit ist beendet. Geben Sie Ihre Sachen ab. Wegtreten!" Er musste mich fast selbst wegtreten, so starr stand ich da. Ich wusste sofort, dass ich jetzt nichts fragen wollte und nur das mache, was der Mann da gesagt hat. Und vielleicht schneller als Elfhundert. Wäre da nicht Bessy gewesen.

Bessy war eine pechschwarze Schäferhündin, die eine der am besten ausgebildeten Mauerhunde war. Sie gehörte zu einem Soldaten, "Skinny" genannt, dessen Pflichtwehrdienst aber vor meinem endete. Beim Abschied von meinem Freund Skinny bat er mich, dass ich auf Bessy aufpassen sollte, denn viele Mauerhunde wurden in dieser Zeit eingeschläfert. Die guten natürlich nicht, aber er hatte halt Angst um seine liebe Bessy. Und so hatte ich, an der Befehlskette vorbei, mir Bessy zugesprochen und sie seit einiger Zeit mit auf Grenzdienst genommen. Wie ein richtiger Hundeführer. Keiner hat es gemerkt und mein Grenzdienst war so viel schöner mit ihr. Sie trank gerne Mocca, trug in zwei Postentaschen, die ich zu Hunde-Satteltaschen gemacht hatte, mein Zeug rumher und war bis dahin der einzige Hund, den ich kannte, der gern eine Mütze trug.

Mein für mich hocherfreulicher Rauswurf aus der NVA sollte sich jetzt also mit dem Abschied von Bessy treffen.

Nie hatte ein Soldat einen Hund mit nach Hause nehmen können. Die Hunde waren Waffen und Geheimnisträger. Die Lage war aussichtslos, schon aus dem einfachen Grund, dass ich nur wenige Stunden, aber einen Haufen Rennerei vor mir hatte, um alles abzugeben, was mir die NVA geliehen hatte.

Also beschloss ich, sie später zu stehlen oder sowas. Da fiel mir die Begegnung mit einem Bundespolizisten an der Mauer wieder ein. Wir hatten uns durch die beiden Hunde getroffen, die wir führten. Er hatte gehört, dass die Westpolizei gern die Hunde von uns kaufen würde, wenn denn unsere Hundestaffel aufgelöst würde. Ich beschloss in meiner Notlage, dass ich mit dieser Auflösung sofort anfangen werde. Aber wie???

In meinem Regiment brauchte ich keinen fragen. Soldat Haustein war nicht beliebt genug, dass man ihn einen Hund stehlen lässt. Außerdem hatte ich ja offiziell gar keinen. Und so bin ich mit meiner letzten sauberen Kragenbinde, absolut korrekter Uniform, mit mir heute unerklärlichem Mut zum Oberbefehlshaber unseres Grenzabschnittes marschiert. Ich wusste, er war ein General, versicherte mich aber nochmal bei seiner Vorzimmersoldatin. „Ich möchte gern Herrn General sprechen, bezüglich der Hundestaffel." „Jawohl." Zu meiner Verwunderung wurde ich vorgelassen. Ich machte mein Männl und der Große blieb halbuniformiert und meiner Meinung nach besoffen, hinter dem antiken Schreibtisch sitzen. Ich erzählte ihm von meiner Entlassung und dass ich wüsste, wir dürfen unsere Hunde kaufen, weil jetzt die Hundestaffel aufgelöst wird. Uhhhh, dünnes Eis, sehr dünnes Eis, so ein Lügenteppich. Ich sagte ihm auch, dass sie mir den Hund nicht geben wollen, weil sie mich nicht leiden können. Uhhhh, noch dünner. Hoffentlich sagt der bald mal was. Er sah nicht gut aus, der alte

General. Der drohende Verlust seiner geliebten Schulterstücke war ihm ins Gesicht geschnitten.

Für einen Moment dachte ich, er würde mich jetzt auffressen und meine Knochen in den Hundezwinger bringen. Der Krieger erhob sich und fluchte ein "Das ist ja unerhört". Ich dachte nur: „Was jetzt? Die oder ich?" Ich hielt aber mein Maul. Er ging zum grauen Telefon und grunzte: „Na wartet nur."

Als sich am anderen Ende der Befehlshabende der Hundestaffel meldete, schrie er in den Hörer: „Dem Soldat Haustein ist sofort der Hund zu übergeben." Peng! Drauf flog der Hörer auf die Gabel, dass dem grauen Telefon ganz rot wurde. Hätte er auf die Antwort vom anderen Ende gewartet, wäre alles aufgeflogen. Aber diese blieb in der Dienstleitung stecken – bis heute. „Wegtreten!" Ich hab ihm zum Dank und ich glaub, er hat wirklich gemerkt, dass ich ihm dankbar war, die Hand geschüttelt. Da war er bissel verdattert. Dann verließ ich mit korrekter Meldung den wohl höchsten Militär, der mir je vertraute. Wie sagte schon Lenin: „Vertrauen ist gut, aber Hunde sind besser".

Und so floh ich um Punkt Elfhundert mit Rucksack und meinem Hund, traditionell das Klingelgeld rückwärts über den Schlagbaum hauend, aus der Kaserne.

Auf dem Bahnhof kaufte ich mir eine kleine 0,3er Vodka und ging zum falschen Zug. Absichtlich. Ich dachte, die holen mich. Und bei jedem Bahnpolizist der auftauchte, änderte ich die Richtung. Im Zug ergoss ich den Vodka über meine flüchtige Seele und schlief ein. Bessy lief frei im Zug herum, als ich im Leipziger Bahnhof aufwachte. Ich hatte größte Orientierungsschwierigkeiten. Aber keiner schien nach mir zu suchen.

Ich fuhr nach Zwickau und mit dem Taxi nach Cainsdorf. Jetzt war ich der, der wieder heimkam. Wie mein Urgroßvater aus dem ersten und mein Opa und sein Bruder aus dem zweiten Weltkrieg. Aus irgendeinem Grund hatte ich mit einem herzlichen Empfang gerechnet. Dabei war mir entfallen, dass sie ja gar nicht wussten, dass ich komme. Ich fand das Haus leer, leerer als ich verkraften konnte. Ich fand mich unbegrüßt und weinend wie ein Schlosshund mit meinem verwunderten Mauerhund auf der Bodentreppe wieder.

Das war es also, das Ende meiner Wende. Ich saß wieder auf der Treppe, die ich vor sieben Monaten verlassen hatte und nichts war mehr, wie es war. Die Welt war nicht wiederzuerkennen und ich umarmte meinen Hund.

Bessy und ich im Niemandsland

Wir zwei wieder frei Zuhause

RATLOSER ÜBERGANG

Wir haben jetzt 1990.

Das klingt wie gestern, war auch gestern und ist jetzt trotzdem schon so viele Jahre her. Fünf Jahre sind nichts, aber in zehn hat sich meistens viel verändert. In 20 oder 30 Jahren ist ein ganzer Batzen Zeit vergangen und "Holly der Kleine" ist vom Ende der Wende bis heute vom Ossi-Autoschlosser-Dachdecker zum kanadischen Lieder- und buchschreibenden Wald- und Weltenbummler geworden.

Ich habe also, wenn man mal das Heute kurz festhält, die Hälfte meines Lebens im Sozialismus und die andere im Kapitalismus erlebt. Ich fühle mich sehr glücklich, dass alles so war, wie es war. Meine DDR, wie ich sie vor der Wende kannte, war wunderbar gewesen. Es gab für junge Menschen viele Annehmlichkeiten. Außerdem war wenig Verkehr, es gab billigen Alk und keine komischen Drogenfallen. Und die fehlende Reise- und politische Denkfreiheit hatte ich noch nicht so bemerkt. Außerdem hatten wir Zeit. Warten war eine der Grundqualitäten der Ossis, bei der wir uns nicht mal angestrengt gefühlt haben. Wir waren eher verwirrt, wenn mal was reibungslos und schnell ging.

Im neuen Deutschland ging jetzt alles schnell. So schnell, dass die meisten der über 50er große Probleme hatten, den Boden unter den neuen Qualitätsschuhkopien nicht zu verlieren. Große Teile der Kernbevölkerung begann auszuwandern. Die, die blieben, sind auch meistens heute noch da. Ich bin damals auch geblieben. Lange jedenfalls. Komischerweise hat mich der Westen damals nie im Herz erwischt. Es roch da gut, aber nicht so vertraut wie zu hause. Die Leute waren sicher okay, aber da wir ihr System lernen mussten, waren wir die Doofen. Aus kapitalistischem Blickwinkel waren wir das ja auch. Wir wussten gar nüscht, wie das eigentlich läuft. Und so saßen wir da und der Westen dirigierte uns in die gewünschten Ecken. Alle Strukturen, die wir erlernt hatten, wurden demontiert. Leute, die wichtig waren, waren selbiges nicht mehr und andere übernahmen das Schiff mit eigener Crew. Läden, Genossenschaften und Betriebe schlossen so schnell, dass man hier heute Wurst und morgen im gleichen Laden Versicherungen kaufen konnte. Sie hatten gewonnen, sie waren einfach das stärkere System.

Hier ist mal ein kleines Beispiel, dass in dieser Zeit nicht die Qualität, sondern das System zählte.

Mein Vater war für 25 Jahre der Physiotherapeut der DDR-Rennschlitten-Nationalmannschaft. Bei vielen Olympiaden und Weltmeisterschaften betreute er ebenfalls die Skispringer, Langläufer und Bobsportler. Er war nicht nur der Muskellockermacher, sondern auch Zeug-Schlepper, Friedens-Richter, Ausheul-Schulterbesitzer und Freund. Vor allem aber war er ein schweineguter Therapeut und immer gern auf Arbeit. Ach ja, fast vergessen, billig war er auch noch. Mit dem Medaillenstapel, den diese Teams eingefahren hatten, konnte nicht mal der Goldrausch am Klondike mithalten. Mit der Wende kam dann ein Brieflein und aus war's. Der Westtherapeut bekam den Job und mein Vater einen jetzt kapitalistischen, kühleren Händedruck mit den Worten „Nu sehn Se nur mal, wie Se so klar komm.".

Mein Vater hat's noch mal geschafft und ist nach vielen Jahren als selbständiger Physiotherapeut in Rente gegangen. Viele Weltklassesportler sind noch jahrelang zu ihm gekommen, auch wenn sie dafür manchen Umweg Skifliegen mussten.

BEIM OPA

Ich wohnte also wieder im Haus meiner Großeltern. Ich war da sehr gern. Sie hatten ein altes, aber sehr geräumiges Haus. Am Haus war die Dachdeckerei angebaut und danach schlossen sich im Matroschka Stil, immer kleiner werdende Gebäude an, bis das Grundstück alle war. Unser Betrieb war 1936 gegründet worden und damit kannte uns jeder. Außerdem war seit der Gründung alles gesammelt worden, was nur annähernd wiederverwendet werden konnte und kam erstmal in einen Extraschuppen. Wir hatten Holzleitergerüste, zwei Trabant Kombi und zwei Hänger, wobei einer davon ein abgesägter "F8-Laster" war. Man wusste also nicht, wer hier wen zog. Unser wohl größter Reichtum war ein Sammelsurium alter Dachziegel, die nicht mehr hergestellt wurden. Diese sollten uns unerwarteterweise sehr zugutekommen, weil es viele alte Dächer gab, die nach der Wende noch viele Jahre repariert wurden. So geschah es, dass all diese Aufträge bei den einheimischen Firmen blieben, weil die Wessis einfach das Material nicht dafür hatten. Und so begann meine Karriere im frischen Nachwendechaos im kleinen Cainsdorf.

Ich wollte also Dachdecker werden, aber vielmehr wollte ich selbstständig sein. Ich hätte eh jeden Chef verrückt gemacht, also wollte ich lieber selbst für meinen Mist geradestehen. Der Betrieb meines Opas war dafür genau richtig. Er war froh, dass ich weiter machen wollte und ich war froh, dass er mir alles zeigte, was er in den letzten 60 Jahren gelernt hatte.

Es war gut, ein Dachdecker zu sein, in der DDR. Es gab zwar kaum Material, aber wenn es bei Leuten reinregnet, kommt eine Art Panik auf, in der dann der Handwerker als gefeierter Retter erscheint, die Mutter des Hauses beruhigt und das Loch im Dach, unter Einsatz seines Lebens mit einem Stück Kaugummi erstmal abdichtet.

Ich hatte schon als kleiner Junge immer mal bei meinem Opa mitgearbeitet und fand es furchtbar aufregend, auf den Dächern einer Stadt zu stehen oder zu sehen, was die Leute so auf ihren Böden angesammelt hatten. Außerdem gab es immer Essen wo man arbeitete und die Leute waren dankbar, dass man kam und ihnen half.

So war das jedenfalls in den alten Zeiten.

Das Erxleben-Haus und die Dachdeckerei meines Opas

Ich wusste am Anfang nicht viel vom Dachdecken, also nutzte ich jede Weiterbildungsgelegenheit, die sich bot. Und was da auf einmal alles geboten wurde. Von Ausfahrten in Schieferbrüche mit anschließender Weinverkostung, Messebesuchen mit umsonster Weißwurst, bis zur persönlichen Fachberatung im eigenen Haus. Auf einmal war der Kunde König. Und ich sag dir, lieber Buchleser, das war sehr angenehm. Wo auch immer wir etwas lernten oder Material kauften, bekam man kleine Geschenkchen und Kaffees, um die Freundschaft zum Produkt so richtig zu vertiefen. Was die uns am Anfang für einen Scheiß angedreht haben, ging auf kein ostdeutsches Fleckvieh (so hießen unsere Kühe). Wir machten den Quantensprung von "Kann ich das Dachfenster haben, wenn ich dir zwei Kästen Wernesgrüner Bier besorge?" zu "Wir würden uns außerordentlich freuen, Sie als Kunden begrüßen zu dürfen.". Das musste man erstmal lernen ernst zu nehmen. Und so dachdeckerten alle froh drauflos. So schnell, wie wir als Kunden Könige geworden waren, so schnell sind auch unsere Kunden zu Königen mutiert. So bezahlten zum Beispiel am Vorabend der D-Mark-Einführung Leute ihre Rechnungen in bar mit dem Wissen, dass alle Banken geschlossen waren und das Geld am Morgen eins zu zwei verfallen war. Das hat richtig weh getan, denn die Arbeit war gemacht. Auch in dieser Zeit gesellte sich ein mir höchst erfreulicher Mann an meine Seite. Uwe, der Milchfahrer. Er hatte jahrelang, noch bevor die Kühe aufstanden, die Milch in die Läden gefahren, aber unter der Plane seines W50 gab es manchmal auch DDR-Schwarzmarktprodukte. Und auch die mussten, bevor die Ochsen aufwachten, verteilt sein.

Dann wurde jedoch der Schwarzmarkt und der Beruf Milchfahrer abgeschafft und Uwe brauchte ein neues Spielfeld. Er entschied sich, ein Dachbaustoffhändler zu werden und so kreuzten sich unsere Wege. Er hatte davon nicht den geringsten Dunst und weil ich auch keine Ahnung vom Gewerbe hatte, ergänzten wir uns hervorragend. Ich wurde Kunde bei ihm und bin es heute noch. Ich habe auch noch manches Werkzeug von ihm bei dem weder er noch ich herausfinden konnten, was man damit eigentlich machen kann.

Und so schlugen wir uns beide so durch, verrieten uns, was der andere herausgefunden hatte, besorgten uns gegenseitig Arbeit und sahen aus, als wüssten wir, was wir tun. Naja, Mühe gegeben haben wir uns wie verrückt. Uwe ist bis heute einer der besten Schauspieler und Könner, den ich kenne. Ein Gentleman durch und durch, mit einer sehr eleganten Sprache und der Überzeugung eines Gewinners. Er konnte kein Instrument spielen, dirigierte aber die ganze Symphonie. Er war ein Ehrenmann und ist es bis heute. Alle seine Angestellten sind bei ihm geblieben. Wer kann das schon von sich sagen.

Was uns aber wirklich richtig verband, war der Humor. Oft gingen wir nach getaner Arbeit zum Stammtisch und erzählten den Leuten Märchen über uns, bis sich die Balken bogen. Zwei Münchhausen waren manchmal etwas viel, aber immer sehr lustig. So stellten wir uns zum Beispiel (meist unabgesprochen) mal als Hasenzüchter, mal als Schleppliftbesitzer oder ich mich als Sohn aus seiner ersten Ehe vor. Das sich daraus ergebende Gespräch war immer neu für alle Beteiligten. So ergab es sich, dass sich plötzlich Leute an einen alten Schlepplift erinnerten, obwohl es da gar keinen Berg gab.

Uwe hatte auch meinen Status in den Reihen der Dachdecker sehr erhöht, weil er sich zu unserer Freundschaft offen bekannte. Er war ja einer von der "alten Garde". Ich war damals noch sehr jung und die alten Meister hatten nicht den größten Respekt für mich, weil ich halt auch noch neu war und so war die Zeit des Neuanfanges für mich wirklich sehr anstrengend und unsicher. Doch durch die Freundschaft mit Uwe, war für mich alles viel leichter zu ertragen.

DOR OP

Für mich gab es in dieser Zeit nur die Flucht nach vorne. Ich saugte meinen Job auf wie ein Schwamm, versuchte richtig gute Arbeit zu machen und genoss es immer wieder, wie gern mein Opa von den Leuten gesehen wurde. Er war wirklich ein vergnüglicher Geselle. Während sein Bruder ein paar Städte weiter ein Dachdeckerimperium aufgebaut hatte, machte mein Opa auf Besinnlichkeit. Ein Bierchen hier, ein Schnäpschen da. Dor Helmar konnte auch viele Geschichten erzählen. Die meisten vom Krieg und den Rest, vom Fußball. Viel später, kurz vor seinem Tod, lebte er nur noch in diesen beiden Welten. Fußball und Krieg gemixt mit einer Überdosis Alzheimer. Da war schon Göbbels mal im Sturm und Rummenigge in Gefangenschaft.

Jetzt aber wieder zurück zum Leben.

Dor Helm, wie sie ihn alle nannten, war ein gemütlicher Lehrer. Er war kein Chef und so war es immer mehr ein Ausflug zum Nachbar als ein Arbeitseinsatz.

Bei Regen wurde gar nicht erst rumgefummelt und gleich zuhause geblieben. Und Freitag pünktlich um Eins war Abfahrt an die Talsperre Pöhl zum Camping mit Biertrinken. Er lebte ein bescheidenes Leben, aber er hatte herausgefunden, wo die goldene Mitte war. Den Platz, an dem man den größten Schatz von allen findet: Zeit. Mein Opa hatte immer Zeit. Hast war ihm fremd und versetzte ihn in ein unkomfortables Körpergefühl. Er ist sich sein ganzes Leben treu geblieben und ließ sich Zeit. Vielleicht war auch deswegen unsere Verbindung so fruchtbar und langlebig. Ich konnte vorstürmen und er war froh, dass einer stürmte. Natürlich hatten wir auch Generationsprobleme, die in dieser Um- und Aufbruchszeit der Nachwende zwischen uns standen. Er hatte seit 1936 alles aufgehoben und ich wollte seit 1989 alles wegwerfen und für Neues Platz machen. 14 Stück 10 Kubikmeter Sperrmüllcontainer wurden aus der alten Dachdeckerei abgefahren und um jeden Inhalt wurde gekämpft. Damals hatte ich natürlich teilweise recht mit dem Weghauen, aber aus heutiger Sicht hätte ich mindestens sieben Container gerne wieder zurück, weil da richtig gutes Zeug drin war. Die guten alten Werkzeuge zum Beispiel. Heute kaufst du dir einen Hammer aus China und beim ersten Schlag fliegt der Hammerkopf deinem Gegenüber auf die Ein-Euro-Brille. Hammer und Brille sind kaputt, aber wenn du das jetzt nicht der Berufsgenossenschaft meldest, kann man dich in 30 Jahren auf Sehschwäche wegen vorsätzlichem Hammerschlag verurteilen.

Früher blieben Hämmer am Stiel, jedenfalls meistens.

Mein Opa über den Dächern

ENDE DES KRIEGES

Mein Opa ist im Jahr 2011 im Alter von 86 Jahren gestorben.

Ich bin heute oft noch selbst sehr überrascht, an wie vielen Fronten ich von meinem Opa gelernt habe. Als Mentor war er unscheinbar, aber das sind die Guten ja meistens. Das Schöne daran ist, dass die Mentorenschaft mit dem Tod nicht aufhörte. Viele kleine Sachen, die ich an ihm gesehen habe, leben jetzt in meinem Leben auf und entpuppen sich als sehr, sehr nützliche kleine Helfer. Zum Beispiel ein Satz, mit dem er einem aussichtslosen Argument begegnete: „Du hast Recht und ich meine Ruhe". Ich habe kein Gespräch miterlebt, das nach diesen Worten noch weiterging. Die aufeinanderprallenden Meinungen verebbten im Rede-Sand und Wortstillstand zog ein. Mit diesem magischen Trick hatte er dem Gegenüber im letzten Moment noch den Saft gezogen. Aber er hat sich ja eh wenig gestritten.

Er wurde als 17-Jähriger in den 2. Weltkrieg befohlen und hat auch dort nicht die Ruhe verloren. Er landete an der Küste Frankreichs an einem Fliegerabwehrgeschütz. Er war ein fehlerloser Schütze und so hatten sie ihn schnell vom Funker zum Schützen gemacht. Eines Tages kam ein britisches Kampfflugzeug vom Ozean auf ihn zu geflogen und zog kurz vor ihm an der Steilküste hoch. Helmar hat ihn abgeschossen, der Pilot ist rausgesprungen und landete mit seinem Fallschirm direkt vor ihm. Helmar begrüßte ihn mit den Worten „Du hast mich wohl nich gesehen?" Dann nahm er den freundlichen britischen Offizier freundlich fest.

Eine weitere Geschichte aus diesem Krieg ist seine letzte Schlacht in den Ardennen Frankreichs. Hitlers letztes Aufbegehren, das so vielen Kindersoldaten das Leben gekostet hat.

Mein Opa ging in diese Schlacht gemeinsam mit 103 Soldaten und Offizieren und sagte mir dazu, dass es sich damals anfühlte, als wären die Kugeln aus allen Richtungen gekommen. Als alles vorbei war, fand er sich als Einzigen unverwundet, in jedem Arm einen Schwerverwundeten. Einen der beiden musste er später im Wald zurücklassen. Er war tot. Den anderen, einen Offizier, brachte er noch zu seinem Bataillon, wo er verstarb. Dann befahlen sie meinem Opa, den Toten auf den Haufen zu den anderen zu legen. Damit war er der letzte Überlebende seines Bataillons und gehörte zu niemandem mehr.

Er beschloss, dass der Krieg für ihn vorbei war und begann, nach Hause zu laufen. 1500 Kilometer lagen vor ihm, in denen der Krieg noch nicht vorbei war. Er stahl ein Pferd und ritt durch die Frontlinien und versteckte sich in Bombenkratern vor Luftangriffen. Mir sagte er später, dass es das Sicherste sei, sich in einen der ersten Krater zu legen. Die waren tief genug und wurden nie wieder genau getroffen.

Und so rannte und lief er den Lauf seines Lebens, bis ihn die Amis in einem Bauernhof, mit ein paar anderen versprengten Soldaten festnahmen. Mit erhobenen Händen wurden sie aus dem Stall geführt und durchsucht. Als sie in seiner Brusttasche etwas langes hartes fühlten, sagte er "Harmonika, Harmonika" und der amerikanische Besatzer lächelte und ließ sie ihm.

Die amerikanische Gefangenschaft beschrieb er als sehr angenehm. Er war zur Essenausgabe eingeteilt und war damit immer gut versorgt. Er organisierte

Fußballspiele und schrieb nach Hause. Seine Mutter sagte ihm, er solle in Gefangenschaft bleiben, weil es zu Hause nichts zu essen gab. Und so hat er sich durch diesen Kack-Krieg gewurstelt und war irgendwann wieder in seinem Heimatdorf Cainsdorf angekommen.

Zum Glück hatte er Glück, sonst hätte es mich nicht gegeben.

Soldat Opa

DAS FEUER

Bis heute kann ich den Rauch auf meiner Zunge schmecken. Es würde mich nicht geben, oder vielmehr nicht mehr geben, wenn er mich nicht als Kind aus seinem brennenden Haus gezerrt hätte.

Ein Fachwerkbalken, der aus einem für alle unerklärlichen Grund Teil des Schornsteins war, schmorgelte in der Wand über Jahre. Wir nannten sie die warme Wand. Eines Nachts brach das Feuer hinter einem raumhohen Schuhschrank durch die Wand. Hast du schon mal Schuhe brennen sehen? Es ist kein Brand, es ist vielmehr ein vulkanartiger Ausbruch aller Chemikalien, die hineingeschmolzen wurden.

Ich war ein unruhiger Schläfer und weckte meine Großeltern mit meinem Gezappel auf. Das Schlafzimmer war noch rauchfrei, aber die Glastür, die uns vom Feuer im Haus trennte, zeigte schon die hellroten Flammen, die nach mehr suchten. Bei dem Versuch, durch die Mischung aus dickstem Rauch und Flammen zu flüchten, ging ich verloren. Ohne Luft zum Atmen und blind vom Feuernebel, stand ich im brennenden Haus, als mich eine Hand am Arm packte und aus der Hölle riss.

Mein Opa war für mich zurückgekommen. Ich war vielleicht sieben oder acht, als das alles passierte. Auch dafür vielen Dank, mein alter Freund.

Irgendwann kam dann die Feuerwehr und hat das brennende Haus in eine Riesenbadewanne verwandelt, aber es blieb stehen.

EI AB

In meiner zwölf Jahre dauernden Dachdeckerkarriere habe ich viel Zeit mit meinem Opa verbracht. Unsere gemeinsame Firma begann zu wachsen und wir waren gerade wirklich so richtig in Schwung, als sich alles dramatisch ändern sollte.

Es war im Jahr 1995 und ich 25 Jahre alt. Wir waren gerade dabei, das neue Firmengebäude zu bauen. Die Auftragsbücher waren voll und wir hatten 660.000 Westmark Kredit aufgenommen. Alles fühlte sich an, als ob ich den Fluss aufwärts fließen lassen könnte, wenn ich es nur wollte. Ich fuhr in meinem Toyota Land Cruiser Cabrio mit meinem „Bang & Olufsen" Handy durch den Sommer und dachte: Jetzt kann es nicht viel besser werden.

Ich kenne die Stelle der Straße noch genau, als sie durchs Telefon kam, die Diagnose – Hodenkrebs. Die Welt blieb steh'n. Ich? Wieso ich? Der alles richtig machte? Mein rechtes Ei hatte sich merklich vergrößert und ich hatte letztlich den Mut gefasst und beim Urologen angerufen, um mir die Pillen abzuholen, die das heilen.

Aber denkste.

In diesem Moment, der einem kleinen Tod nahekommt, verliert die Zeit und der Wertekatalog, den man sich bis dahin zurechtgedacht hat, blitzartig jede Bedeutung.

Erste Frage: wie lange hab ich noch? Keine Antwort. Keiner hat eine Antwort. Furchtbar. Zweite Frage: wie kann ich so tun, als wenn das alles nicht so schlimm ist und es meinen Eltern so mild wie möglich sagen?

Mein Vater und ich sind uns sehr ähnlich. Vermeintlich stark und innerlich sehr emotional in beide Richtungen. Das ist der fruchtbarste Boden für unsere gemeinsame Hauptangst: Kind verlieren.

Es dauerte nicht lange und er war am Telefon meines Urologen. "Wieso Hoden abschneiden?" Ach du Scheiße, dachte ich. Wenn der den sofort abschneiden will, muss es superschlimm sein. Er wollte den Herd des Sterbens lieber heute als morgen von meinem überlebenden Restkörper trennen, dieser Doktor „B".

Wer war der eigentlich, dieser Doktor „B"? Wie konnte der sich so sicher sein? Aber ich hatte wieder mal super Schwein. Er war der Beste, der Beste der mir passieren konnte in diesem Chaos.

Was dieser Mann in den nächsten Jahren für mich getan hat, ist nicht in Worte zu fassen. Er war von einem zum anderen Moment in meinem intimsten Leben gelandet und übernahm die Position des Dirigenten. Für eine Zeit wurde ich zum Passagier meiner eigenen Reise.

Die erste große Lehre des Krebses lautet also – Man muss vertrauen.

Oh Mann, als erste Vertrauensübung vertraue ich gleich mal jemandem mein Leben an. Innerhalb kürzester Zeit lag ich auf Doktor „B's" OP-Tisch. Ich war froh, dass er sich gegen alle Regeln der Eiabnahme entschied, um eine ambulante Teilkastration zu machen. Das hatte den Vorteil, dass ich nicht ins Krankenhaus musste. Ich durfte mein Basecap bei der OP aufbehalten, denn er wusste sofort, dass das für mich wichtig war. Es war noch dieselbe Mütze, die ich von dem Vater des kleinen schwarzen Jungen an der Mauer bekommen hatte.

Als sie mich nach der OP halb bewusstlos ins Haus meiner Großeltern schleiften, fiel mir die Mütze vom Kopf. Der Dok stoppte den Transport und setze sie mir wieder auf – ein wichtiger Moment, der uns verbunden hat. Ich war schwer verwundet, aber mein Kamerad hat mein Zeug nicht zurückgelassen.

Und so lag ich in meinem Zimmer, mit Blick zur Decke, Hand am Sack und völlig am Boden.

Es hatte mich an einer Stelle getroffen, die man als Volltreffer bezeichnen kann. Das Ganze hatte mich emotional, körperlich, aber auch spirituell vom Fundament gerissen. Krebs passte nicht zu dem Leben, das ich mir ausgedacht hatte. Wer hatte mir das angetan? Außerdem genau an dieser Stelle? An meinem absoluten Lieblingsspielplatz, den ich mehrmals am Tag besuchte und nie enttäuscht von ihm zurückkam.

Da kam mir schon eine neue Frage: Ob's überhaupt noch geht? Ach du Scheiße! Was, wenn mein letzter Orgasmus jetzt Geschichte ist. Es gab nur einen Weg, das rauszufinden. Vernünftig sein wurde kurz erwägt und dann verworfen. Carmen, meine liebe Frau in dieser Zeit meines Lebens, war dagegen. Aber wer widerspricht schon dem letzten Wunsch eines Sterbenden.

Wir haben's gemacht und ich hab's bis heute nicht vergessen, wie froh ich war, dass es kam, das wahre Freudenelixier dieser Welt.

Als ich am Tag danach erwachte, fühlte sich mein Untenrum an, als ob mein entferntes Ei plötzlich wieder da wäre. Doktor „B" war direkt nach der OP in einen Kurzurlaub verschwunden und so erhielt seine Vertretung meinen panischen Anruf. Wie sich nach kurzer Untersuchung herausstellte war es ein massiver Bluterguss, der sich durch meinen verfrühten Erregungstest gebildet hatte und das entfernte Ei simulierte.

Der Arzt hatte nur mit dem Kopf geschüttelt, mir „Hände weg!" befohlen und ich hab ganz lieb darauf gehört.

KEINE ZEIT FÜR SCHWÄCHE

Heilung hat getreu dem deutschen Härtegesetz, nach der Arbeit stattzufinden. Schließlich haben wir ja gelernt, dass der Körper nur das Transportmittel für den Geist ist, um diesen von der Arbeit wieder zu Arbeit zu tragen. 48 Stunden nach all dem stand ich also wieder hinterm Schreibtisch, weil sitzen ging noch nicht.

Naja, ich will mal nicht ganz so hart mit mir sein. Klar, ich habe damals viel zu viel gearbeitet. Manchmal habe ich zu meinem Nachbar, dem Dachbaustoff-Händler, rüber gelunzt und wenn da noch Licht im Büro war, dann hab ich auch noch weiter gemacht. Aber ich hab ja in der Zeit versucht, was aufzubauen. Ich war damals bei Weitem nicht in der Lage, den Wert von qualitativem Nichtstun zu erkennen, geschweige denn, dieses zur höchsten Stufe des Seins zu erklären. Außerdem glaube ich, ist es in Deutschland eher schwer, etwas langsamer zu machen, weil ja keiner mitmacht. Man fühlt sich dann nicht nur als Schlappschwanz, sondern auch noch allein. Heute bin ich zum Glück stark genug, es manchmal durchzuziehen und zu rasten, wenn mein Körper oder Geist aufs Sofa woll'n. Aber glaub mir ruhig, auch wenn's nicht so aussieht, ist es für mich immer noch nicht ganz leicht, doch jetzt erkenne ich den Wert, des Nichtstuns.

Vorerst hatte ich also noch nicht so viel gelernt vom Krebs. Alles ging weiter wie geplant. Die Heilung würde wohl auch das Vergessen mit sich bringen. Aber Herr Krebs begann seine kraftvolle und unausweichliche Veränderung zu gestalten. Ich kann gar nicht ausdrücken, wie froh ich bin, aus dem Heute über diese Zeit schreiben zu dürfen.

Meine Carmen stand wie ein Fels neben mir, als mich nach meiner anfänglichen Stärke nun Zweifel übermannten. Keiner konnte mir schwören, dass er weg war, der Krebs.

Ich begann eine lange Liste von eingebildeten Hugeln und Knoten an meinem Körper zu fühlen. Nach der Untersuchung meines Karzinoms im Labor bestätigte sich die Bösartigkeit. Ich entschied mich für eine Chemo.

Sicher gibt es ein paar Leser, die sowas schon mitgemacht haben, aber für die anderen darf ich es hier mal sagen. Was das für ein Kotz ist, ist unglaublich. Erstens beginnt man die gezielte Vergiftung von schnellwachsenden Zellen (Haaren, Nerven, Leber, Krebse) und man ist meistens schon schwerst angeschlagen. Dann, und das ist die Wahrheit, kann dir keiner sagen, ob es dir hilft. Fakt ist aber, dass es dir furchtbar schlecht wird, sich dein Inneres aufs Äußerste wehrt und du zum Schluss ne Glatze hast.

Als ich durch diese Folter durch war, hat – unterbewusst – mein geistiger Umbau begonnen.

UMBAU

Ich war also gerade dabei, mein Unternehmen zu errichten, als sich im hintersten Winkel meiner Gedankenschmiede erste Zweifel einnisteten.

Aber wie so oft im Leben kann man überhaupt nicht aufhören mit dem, was man gerade tut. Zu langfristig planen wir, zu viel muss zu schnell entstehen und das oft mit viel geborgtem Geld und schon sitzen wir in unserem Lebenskäfig.

Solange alles Spaß macht und nach Plan geht, glänzt das gravierte Schild an der Eingangstür. Aber außer meinem körperlichen Zustand hatte ich ja auch keinen Grund irgendwas in Frage zu stellen. Man musste ja auch den Kapitalismus erst leben, ehe man ihn beurteilen konnte. Alles was ich sagen will ist, dass so langsam eine leicht erhöhte Augenbraue auf meinem Gesicht erschien.

Ich blieb fleißig, baute weiter an der Firma, baute ein Haus, ließ meine Oma und Opa dort einziehen und sanierte die alte Dachdeckerei zu einem schicken Dreifamilienhaus. Nebenbei machte ich meinen Meister auf der Abendschule und ging zu meinen Tumor-Check-ups.

Wirtschaftlich hatte ich eine der goldensten Zeiten erwischt, die Deutschland je erlebt hatte. Und so trug ich fast jeden verdienten Gulden zur Bank zurück und sondertilgte, was das Zeug hielt. Die Zeiten, als Dachdecker im Winter nichts machten, waren seit der Wende vorbei. Und so brach ich mit der Tradition des Winterurlaubes und fuhr jeden Sommer in ein neues Land.

Auch darüber gäbe es viel zu erzählen, aber ich möchte hier lieber über mein Nach-Krebs-Kapitalismus-Alltagsleben berichten.

6:30 Uhr klingelte der Wecker. Bis heute denke ich, wir sollten uns alle einmal im Jahr treffen und jeder darf auf brutalste Weise seinen Wecker verdreschen. Schon beim Zähneputzen teilte ich im Kopf meine Baustellen ein, ordnete das Werkzeug den Autos zu und wenn ich Glück hatte, hat es mich nicht da schon gewürgt. An Essen war nicht zu denken. Schon seit Jahren wachte ich mit nervösem Magen auf. Dann erglänzte ich mit schauspielerischer Leichtigkeit und überzeugender Morgenfrische vor meinen Gesellen und gab meinen geplanten Plan zur Ausführung frei. Die fuhren dann alle raus und ich sank mit meinem Kaffee hinter den Schreibtisch zur kurzen Papierbearbeitung nieder. Anschließend Baustellencheck. Gegen neun hatte ich dann meistens alle Dächer besucht, an denen wir arbeiteten und alles in Gang gebracht.

Auf der schwierigsten Baustelle habe ich meistens selbst mitgearbeitet. Immer das Zeug, was keiner machen wollte. Später besorgte ich dann das Material für den nächsten Tag und landete gegen 17 Uhr wieder in der Firma. Alle gingen heim, nur ich nicht. Ich fuhr zu Kunden, kalkulierte Aufträge und schrieb Rechnungen. Kaum ein Tag, der vor 20 Uhr vorbei war und dann ging ich hoch zu Carmen. Wenn sie schon da war, musste sie sich anhören, wie mein Tag war. Wir haben wirklich alle so viel gearbeitet in diesen Tagen. Aber es war auch schön, die Früchte seines Tuns zu sehen. Viele Häuser meiner Stadt begannen nun unseren Stil zu zeigen und schmückten sich mit schönen Dächern und Türmchen.

Ich war stolz darauf, dass von uns etwas Geschichte mit gebaut wurde.

Eine meiner schönsten Arbeiten

BESSER ODER SCHWÄCHER

Diese Zeit, so um 1995 rum, war auch die Zeit der Geburt des Amateur-Video-Filmers in mir.

Jeder hatte jetzt eine Videokamera im Taschenformat und alles Erlebte wurde gefilmt, bevor es erlebt wurde. Ossis hatten überhaupt keine Ahnung, wie man sich vor einer Kamera bewegen sollte. Sobald eins dieser Geräte auf eine Gruppe gerichtet wurde, sah man wie die Leute auseinanderstoben und wer auch immer stehenblieb, verhielt sich seltsam und artikulierte wirr. Das wurde mir erst richtig deutlich, als ich im Jahr 2011 die digitalisierte Videosammlung meiner eigenen Aufnahmen von meiner Mutter erhielt. Aber genau diesen Hollywood-Prachtstücken habe ich heute ein paar hochinteressante Szenen von unseren Baustellen und dem Leben in dieser Zeit zu verdanken.

Zum Beispiel filmte ich damals die Eindeckung eines zwiebelrunden Turmes mit deutschem Naturschiefer. Jedes Mal, wenn ich in Deutschland bin, fahre ich an dem Haus vorbei und bin stolz auf deutsches Handwerk.

Ich hab auch eine Aufnahme von einem Faschingsausflug der Oberwiesenthaler nach Ostfriesland. Also was man da so sieht, wie sich Ossis durch den neuen Westen getapst haben. Die Wessis mussten wirklich denken, wir kommen vom Mond. Aber auf dem Mond, von dem wir kamen, wurde gesoffen bis zur unkontrollierten Abgabe von allem. Wenn ich aber in die Gesichter dieser Truppe schaue und gedanklich durch die Leben dieser Menschen streife, muss ich sagen, dass der Alkoholgenuss in diesen Mengen absolut berechtigt war. Viele von ihnen hatten größte

Schwierigkeiten mit der neuen Zeit bekommen, manche mussten ihre Heimat verlassen, um Arbeit zu finden. Manche von ihnen sind von unverschuldeten Konkurswellen umgerissen worden. Der Rest hat sich irgendwie durchgewurstelt und manche leider auch nicht. Wenn man mich fragen würde, ob es den Leuten vor oder nach der Wende besser ging, wäre meine Antwort heute wahrscheinlich diese: Wenn man alles zusammen nimmt - Reisefreiheit, Gesundheit, Wohl- oder Übelstand und Lebensqualität - bleibt die Nadel des Besserwissers wahrscheinlich genau in der Mitte stehen. Jedenfalls so lange, bis ich ans Lachen denke.

Ich bin überzeugt, dass im sozialistischen Osten herzlicher, unbeschwerter und öfter gelacht wurde. Aber mich fragt ja zum Glück keiner.

KLAR ZUR WENDE

Vielleicht hast du dich schon gewundert, dass hier wenige Jahreszahlen auftauchen. Ich habe über die Jahre die Verbindung zu Zahlen verloren und bin auch recht wenig interessiert, sie wiederzufinden. Das numerische Leben kommt mir ziemlich abgehackt vor und ich bin oft genervt, wenn eine Geschichte durch das Finden der korrekten Jahreszahl stirbt. Man weiß doch wann ungefähr, das alles war. Ich auch - früher halt.

Und so haben wir gearbeitet und die Autos wurden größer und schöner. Das Zeigen des Wohlstandes schmuggelte sich langsam ins Dasein, wobei man doch auch versuchte, es zu verleugnen. Menschen sind nicht für viel Geld gemacht, denn es isoliert uns automatisch von den anderen, die mehr oder weniger davon haben. Hier kann man jetzt streiten und darüber philosophieren, ob das so gewollt ist oder nicht, aber das Ergebnis ist immer das gleiche. Man hört einfach nicht mehr auf, Sachen ranzuschaffen und nicht nur seine Schäfchen ins Trockne zu bringen. Man vergrößert einfach die Herde. Ich hab wirklich kein Problem damit, dass Menschen, die fleißig und engagiert sind, viel Geld verdienen. Das Problem für mich ist, dass es kaum einer schafft, das nicht auf dem Rücken oder hinter demselben, der anderen zu machen. Wenn man es schon nicht von den Menschen klaut, muss die Natur dafür bezahlen. Auch wenn wir das alle nicht gern hören, wissen wir's doch alle. Und so lebt man reichlich, aber immer auch mit einem schönen Löffel schlechten Gewissens und man wird als Angesehener angesehen, aber nicht geliebt. Wir sind schon so gut versorgt, dass die Versorgung der Enkel vielleicht nicht mehr gewährleistet werden kann.

Es gibt nur wenige Ereignisse, die uns aus einem gut gehenden, ständig wachsenden Lebens-Unternehmen raushau'n.

Was zum Beispiel passieren kann, ist, dass der Partner, den man liebt, einfach geht. Weggeht wegen Vernachlässigung. Das passiert meistens völlig unerwartet und der Glanz all des Erreichten verlischt umgehend. Oder es ist eine Krankheit, die für einen Realitäts-Schock sorgt, welcher die Lebenszeit wieder in den Vordergrund bombardiert. Kaum ein Mensch will aber wirklich einfach mal so anders leben. Wenn man nicht gefeuert wird, feuert meistens nichts.

Bei mir wars die "Liebe", die bei mir aus- und bei meinem besten Freund einzog.

Völlig unverständlich für mich, wie man einen solchen Dynamiker wie mich verlassen konnte, und dann für so Einen. Einen, den ich auch noch leiden konnte. Ich war völlig fertig und es begannen die Denkprozesse, die so wichtig sind, um meinen eigenen, den einzig wahren Rhythmus meines Lebens zu erkunden.

Der Schmerz, von mir auch oft als Motor der persönlichen Evolution bezeichnet, würgte mein Herz und Hirn bis zum Stillstand, in eine Art Wachkoma. Aber Konkretes gesehen hab ich da noch nicht. Es traten nur mehr und mehr Dinge zu Tage, die mir unangenehm waren. Ich begann, mich unwohl zu fühlen und die Fühler begannen zu wachsen. Aber wohin? Das Wort – weg – kam in meinen Wachträumen immer mal vor.

Da war sie also, die große Bestandsaufnahme nach dem ersten Lebensabschnitt, in dem man bewusste Entscheidungen getroffen hatte. Und was hab ich da gesehen? Ich sag's dir, wie der Anfang meiner Lebenswende sich angefühlt hat. Ich war auf dem Weg zurück, zurück zu mir.

ZUKUNFT DER VERGANGENHEIT

Mir ging's beschissen. Richtig beschissen. Aber wie war die Situation wirklich?

Wir sind ja gute Nach- und Vordenker in Deutschland, nur mit dem Jetzt hängt's bissl haußen, also beschreib ich das ganze Ding mal mit Zukunft und Vergangenheit.

Stell dir das einfach mal so vor: Rechts eine Kiste Vergangenheit und links eine Kiste mit Zukunft.

Schönes Beispiel und ich fang mal mit der Zukunft an. Darüber war ich mehr besorgt.

Der Laden lief ganz gut, der Rubel rollte, aber die Anstrengung, dass das so blieb, schien enorm zu werden. In Deutschland ist entweder immer Vollgas oder du fällst runter. Aber welcher Jäger kann denn schon die ganze Zeit wie eine Sau durch den Wald rasen? Wer macht denn sowas? Irgendwie geht das doch an den Baum. Ich hab mich immer gewundert und gefragt, ob die alle gar keine Lust auf Zeit hatten. Naja, die Lust, diesen Berg weiter zu schieben, war bei mir grad ziemlich null. Die Leute waren in dieser Zeit auch alle nicht so lustig, weil jeder voll am Wursteln war und für nichts anderes wirklich Zeit blieb. Eine so schöne Frau wie ich gehabt hatte, würde ich sowieso nichtmehr finden. Also war sowieso alles Scheiße und ich merkte obendrein noch, wie verfitzt ich doch war. Jeder Gedanke etwas umzustellen, scheiterte sofort an dem System, das ich mir selbst aufgebaut hatte.

Verbindungen von Versicherungen endeten in Bürgschaftsurkunden, die nach Ablauf einer Frist bei Mangelfreiheit nur gekündigt werden konnten, wenn die Spekulationsfrist eher endete als die Rückzahlung der Investitionszulagen nach Abrechnung ergeben hat ... gewesen wäre ... Hast du gemerkt, wie sich gerade deine Stirn runzelt?

Genau.

Es war also aussichtslos, die Stricke schnell zu kappen. Und wollte ich das denn überhaupt? Ich wusste schon, dass wenn ich das ganze Ding anfange abzubauen, auch sofort das Geld aufhört. Davor hatte ich natürlich auch Schiss. Drüber reden ist die eine Sache, aber dann machen, doch ein ganz anderer Schuh. Alles so lassen, ging aber auch nicht. Wobei wir jetzt bei der Vergangenheitskiste angekommen sind. Und da war Stabilität drin. Wenn ich mir hier also weiter Mühe gegeben hätte, wäre alles bis zu meinem 68. Geburtstag seinen Gang gegangen. Wenige Höhen und Tiefen, aber der Rückenhalt eines gemäßigten Lebens wäre mir sicher gewesen.

Wenn ich aber zurückschaute, war da auch kaum einer aufgetaucht in all diesen Jahren, der mich wirklich begeistert oder in irgendeiner Form überrascht hatte. Ich war wie am Leben, aber nicht am Steuer und mir war langweilig geworden. Es war bis hierhin, also die Beerdigung meiner Spontanität. Einfach so weiterzumachen, ging auch aus dieser Sicht nicht nach vorne los und ich wollte nach vorne.

WACHKOMA

Du merkst schon, dass die Entscheidungsfindung sich damals ausschließlich um die Arbeit, um den Job drehte. Auch jetzt beim Schreiben wird mir wieder klar, dass sich damals tatsächlich alles immer nur um die Arbeit drehte. Alles wurde daran gemessen, immer darüber geredet, und alles, ja wirklich alles, darauf ausgerichtet. Das Haus neu, der Fernseher groß, an der Wand eine Gibson Les Paul, die ich nicht spielen konnte, die Konten und Geldverstecke voll und "gesund" und ich fühlte mich wie in einem unsichtbaren, sehr komfortablen Gefängnis.

Aber mein geistiger Blick begann zu wandern, wann immer mir der Herzschmerz, in dem ich übrigens unangefochtener Weltmeister bin, einen Lichtblick zuließ. Es ist schon beschämend, in welchen

Wohlständen wir es schaffen uns unwohl zu fühlen und denken, dass uns die Welt im Genick sitzt. So viel Mühe wir uns auch geben, können wir die Zufriedenheit, nach der wir alle suchen, verdammt noch mal nicht finden. Aber wenn wir es mit unserer rationalen Denkweise nicht schaffen, die Schritte zu gehen, die uns endlich entspannen lassen, dann muss es zwangsläufig noch eine andere Denkweise geben, die uns zur Zufriedenheit führt. Eine Art zu leben oder zu fühlen, die nicht oder nicht nur, aus dem Kopf kommt. Aber wo ist die denn geblieben, die Sorglosigkeit in gut versorgter Lage? Wo war das Verständnis, zu erkennen, dass alles eigentlich gut war? Ich kanns nur so sagen: Jetzt im Rückblick auf diese alten "fetten Tage", fehlte mir ein wichtiger Bestandteil, der das Gleichgewicht wieder hätte herstellen können. Eine Kraft, die mehr oder weniger uns allen durch unser zeitraubendes Vorwärtsstreben und unseren Fernseh- und Nachrichten-Lifestyle abhandengekommen ist. Es fehlt uns die Entwicklung unserer spirituellen Seite.

Diese Seite wird von uns oft brachial vernachlässigt, gesellschaftlich nicht gefördert und geachtet. Es ist anscheinend zu riskant, weil sie nicht greifbar ist. Jedenfalls nicht mit dem Kopf allein. Mit dem Eintritt in die Arbeitswelt des Vollgas-Kapitalismus galt es eher als schwach, sich mit seinem Inneren Zirkus zu beschäftigen. Eigentlich wurde der ganzen Sache spätestens ab da gar keine Aufmerksamkeit geschenkt. Sie war komplett abwesend und wurde deswegen vielleicht nicht mal vermisst.

Ich war in dieser Zeit ziemlich sprachlos, was aus mir und uns geworden war. Wachkoma ist wirklich ein gutes Wort dafür. Und wer will da nicht aufwachen, aus so einer Starre? Was, wenn man sich doch bewegen darf? Sich strecken? Vielleicht passt ja die Lebenspolizei mal kurz nicht auf, und man kann sich etwas Verrücktheit zurückstehlen. Ich hatte jedenfalls wenig Antworten und jede Menge Fragen.

Und wieder traten Menschen in mein Leben, die große Veränderungen bewegen sollten. Menschen, die Türen aufschlossen. Menschen, die Wegweiser verdrehen konnten. Menschen, die an meinem Leben mitbasteln und damit auch ihr eigenes verfeinern.

KIRSTEN UND DER SCHLÜSSELMOMENT

In diesem Chaos rief ich das erste Mal „privat" bei ihr an. Wir kannten uns aus dem Geschäftsleben und von einem Miniflirt während eines Banktermins. Kirsten verkaufte Geld für die Bank, und ich kaufte es. Was sie nicht wusste war, dass sie diesen Kredit, den sie mit ihrem charmanten Lächeln gerade mir und meiner zukünftigen Ex verkauft hatte, mit mir gemeinsam abbezahlen würde. Damals war Kirsten noch liiert und ich noch nicht frei. Aber wir hatten uns bemerkt.

Später, als wir beide halb solo waren, haben wir uns wiedergefunden. Sie hatte die schönste Telefonstimme der Welt. Ich habe sie tatsächlich oft mit „Frau Lorenz" angesprochen und mir immer neue Fragen einfallen lassen, damit ihre Antworten schön lang wurden. Irgendwann in dieser turbulenten Umbruchszeit haben wir uns dann am Brunnen vor dem Gewandhaus in Zwickau getroffen, kurz versucht etwas zu trinken und uns dann in ihre Kammer zurückgezogen. Was ich nicht wusste, war, dass Kirsten von einer anderen Ex-Freundin gewarnt wurde, was ich doch für ein Hallodri sei. Aber ich hatte ihr Herz schon gewonnen. Kirsten hatte nicht nur eine schlimme Beziehungszeit hinter sich, sondern auch eine herzzerreißende Zeit vor sich. Ihr Vater, ein außergewöhnlich positiver, beliebter und ihr unheimlich naher Mensch, war sehr, sehr krank - todkrank. Wie sie es damals geschafft hat, mich mit so viel Liebe zu überschütten und sich meinen belanglosen Brei wieder und wieder anzuhören, ist ein monumentaler Beweis ihrer schier endlosen Güte.

Ich – und um nichts anderes ging es damals bei mir – wollte eigentlich weg oder wieder mit meiner Ex zusammenkommen.

Und so landete die gute Kirsten im Bermuda-Dreieck zwischen der Tragödie in ihrer Familie, dem Versuch, mich wieder mit meiner Ehemaligen zusammenzubringen und der Liebe zu mir, einem verstörten Charmeur, der sein Heil in der endgültigen Flucht suchte. Klasse Zukunftsvision für alle. Aber genau in dieser Zeit, in der wir kleinen Menschen mit so vielen großen Entscheidungen zu kämpfen haben, war sie ein zauberhaft starker Freund für mich. Mein Mensch, der mich halten konnte und mich vor dem Durchdrehen beschützte. Wir verbrachten endlose Nächte mit reden, Rotwein und festhalten, in denen es immer klarer wurde, dass ich mich territorial verändern würde. Aber ging das überhaupt? Und was wird aus ihr? Sie konnte nicht weg, absolut nicht.

Der endgültige Todesstoß für mein bisheriges, kommerzielles Leben kam dann aber von einem „Freund". Er hatte mich um Geld gebeten, um seine Firma zu retten. Viele von uns hatten damals mit Zahlungsausfällen zu kämpfen und wenn man dann selber nicht zahlen konnte, haben einen die Krankenkassen und Finanzämter die Bude zugemacht. Also habe ich ihm das Geld gegeben, um seinen Hintern zu retten. Aber ich hatte ein Pfand dafür genommen. Einen seiner Lastwagen. Mein „Freund" konnte das Geld nicht wieder auftreiben, begann aber in der Geschäftswelt zu erzählen, dass ich seinen Laster kaputt gemacht hätte und er deswegen zumachen müsse. Als diese Info letztlich bei mir ankam, war die geschäftliche Gerüchteküche schon im vollen Gange, und es wurde nun erzählt, dass meine Firma auch pleite wäre. Mir sind deshalb damals viele Kunden abgesprungen, aber viel schlimmer war der Dolch in meinem Herzen. Ich hatte in aussichtsloser Situation geholfen und stand nun wehrlos unter brachialem Beschuss. Ich hatte nichts mehr entgegenzusetzen. Ich war mental am Ende. Dieses Ereignis hat mich über das Kliff geschubst. Ich brach zusammen und habe natürlich sofort meinen Schutzengel im Dauerdienst angerufen, um mich wiederzubeleben. Wir trafen uns umgehend im „1470", einer kleinen urigen Kneipe in Zwickau. Dort haben wir dann gemeinsam so viel geweint, dass der Kellner fragte, ob er mehr Taschentücher besorgen sollte, weil die Hausreserven aufgebraucht waren. Wir sagten „Ja bitte", und es tauchte eine neue Box auf. Was aber in diesem Schlüsselmoment klar wurde war, dass ich mich in Bewegung setzen musste. Es gab einfach keinen Grund mehr, so weiterzumachen. Es gab aber auch keine Vision. Es gab nur eine völlig zerfetzte Seele, die sich begann, vom Schlachtfeld zu schleppen, und das mit der ebenfalls zerreißenden Schuld, Kirsten hier zurückzulassen. Aber die Königin der Krisenbewältigung hat mich trotzdem losgeschickt und es begann eine neue Lebensreise für mich. Kirstens Stärke ist bis heute unbeschreiblich.

Meine Kirsten (Kiki)

DER TIEFE FALL

Das Loslassen von allem, während der Rest meines Umfelds sich an allem festhielt, fühlte sich echt wie fallen an und nicht wie eine Befreiung.

Aber das war jetzt einfach dran. Und was riskierte man eigentlich? Auch diese Antwort war nicht mehr relevant. Ich musste mich um jeden Preis in die Vogelperspektive begeben. Als Deutscher war ich sowieso noch vorsichtig genug, mir jede Hintertür weit offen zu lassen. Auch wenn der Schritt zum Ausstieg vielen als mutig erscheint, muss ich aus heutiger Sicht sagen, andere riskieren weit mehr, als ich es jemals getan habe. Für mich war damals das ganze Leben in Gefahr. Riskant wäre gewesen, alles so zu lassen. Also musste ich mich in Bewegung setzen.

Die Frage nach dem Wohin hatte mir Jack London schon beantwortet. Dieser Schreib-Magier hatte mir in "Ruf der Wildnis" von einem fernen Land erzählt, das irgendwo in der oberen linken Ecke der Weltkarte klebte. Der Yukon, der von Weitem so aussah, als ob dort etwas ist, was mich mag. Die Wildheit machte für mich den Anschein, als ob der kleine Junge dort gut aufgehoben ist, um sich mal im Fluss etwas treiben zu lassen. Vielleicht konnte mir der Norden einhauchen, was ich mit meiner Restlebenszeit anfangen sollte. Und so hatte der Yukon Fluss schon auf seine eigene, unbeschreibliche Weise begonnen, mich anzulocken. Seine unausweichliche Kraft, die ich später noch in ihrer ganzen Mystik erfahren sollte.

Einem meiner besten "Mann-Freunde" aus dieser Zeit erzählte ich als Erstem von meinem Plan, Kanada mal auf den Wolfszahn zu fühlen und den Yukon hinunterzupaddeln. Er entschloss sich, weil mein Vorhaben noch ziemlich wackelig war, mich mit seiner gesamten Familie nach Kanada zu begleiten. Dort wollten wir uns dann nach einer Weile trennen, und ich würde mich auf den Weg weiter nach Norden machen. Und so verließ ich meinen Betrieb, knutschte weinend die weinende Kirsten und flog nach British Columbia, in den ersten großen Urlaub von meinem Leben. Wir gondelten mit Booten über stürmische Seen, liefen durch die größten Wälder der Welt und tranken viel, sehr, sehr viel schlechtes Bier. Alkohol ist doch immer ein so guter Freund in solchen Zeiten. Natürlich auch in anderen, aber während dieser ersten Wochen in Kanada konnten sich dank ihm in mir keine Parasiten ansiedeln. In langen Nächten merkten wir oft, dass wir gelegentlich Gasttrinker an unseren Feuern immer wegräumen mussten, lange bevor wir fertig waren mit unserer eigenen Betäubung. Einmal verließ ein gerade eingewanderter Taiwanese unseren Feuerring, nur um eine Minute später in sein voll belegtes Großfamilienzelt zu kotzen. Als die Kopflampen in seiner Herberge angingen, genossen mein Freund und ich die wohl lustigste Schattentheater-Darbietung, die global an diesem verrückten Tag gezeigt wurde. Aber natürlich hatte ich auch Angst, denn die Trennung von der "Schulter zum Anlehnen" stand bevor, und ich würde in Kürze nur mit meinem Rucksack und mir selbst an der Straße stehen. Da musste man einfach immer mal einen auf die Lebens-Lampe gießen, damit das Licht schön an blieb.

WIDERSEHEN MIT
SCHLAFENDEN GEISTERN

Ich sehe sie noch wegfahren, in ihrem kanadischen Leihwagen.

Als meine Freunde am Horizont verschwanden, steckte ich den ersten freien Daumen in den Wind. Der kleine Erzgebirgler trampte jetzt also alleine durch die Rockys. Ich erspare dir hier mal die langen Beschreibungen aller Menschen, denen ich begegnet bin und erzähle dir lieber, wie ich mich dabei gefühlt habe. Also als erstes ganz schön wild. Ne selbstgenähte Leder-Schnürhose an, einen Hut auf und mit meinem Messer am Gürtel sah ich aus, wie aus einem Western gefallen. Kanadier können Deutsche sofort erkennen, weil wir uns immer so schön als Abenteurer verkleiden, aus unserer Arschtasche aber der Zettel unserer Auslandskrankenversicherung raushängt. Sie waren alle lieb zu mir, die hier im wilden Westen. Und auch wenn ich heute weiß, dass die prozentuale Anzahl an Arschlöchern auf der Welt überall gleich ist, hat mir das positive Begrüßungsritual "How are you" gleich supergut gefallen. Du hast sofort das Gefühl, dass sich Menschen freuen, dich zu sehen. Als Greenhorn denkt man, es handelt sich um eine Frage und fängt an sie ausführlich zu beantworten, aber das interessiert keine Sau. Es ist lediglich eine Begrüßungsfloskel, ein einfaches – „Good to see you" oder „Hallo". Na war ja schonmal ein grandioser Anfang. Jemand begegnete einem vorbehaltlos, einladend und ohne geschäftliche Gedanken und freut sich, dich zu sehen. Und so bewegte ich mich weiter Richtung Whitehorse, dem Ausgangspunkt meiner Flussreise. Nachts hatte ich immer die wildesten Träume. Keine schönen, meistens Herzschmerz, Angst oder Schuld, aber beim Aufwachen war wenigstens der Ausblick anders. Und so rappelte ich mich durch jeden Tag und genoss die Freiheit, mich auszuprobieren. Wenn ich heute auf mein damaliges Ich zurückschaue, wie verfitzt, gekränkt und durcheinander ich war, weiß ich, dass die Tage nicht leicht gewesen sein können. Aber es hatte sich etwas getan, dass sie besser werden.

Auf meinem Weg nach "oben links" auf der Weltkarte bin ich auch auf ein Dorf der Ureinwohner dieses Landes gestoßen. Das Wort Indianer kann ich moralisch leider nicht mehr verwenden, wenn ich über meine Freunde rede. Die sind nämlich gar nicht aus Indien. Die hießen nur so, weil sich ein portugiesischer Segler verfahren hatte und der weiße Mann später zu stolz war, den Fehler zuzugeben. Jedenfalls habe ich dort mein erstes Erdhaus betreten. Ein rundes großes Zimmer unter dem Waldboden mit einem Holzdach, welches wiederum mit Erde überschüttet war. Als ich das erste Mal dort drin Platz nahm, stellten sich meine Haare auf. Ich spürte, wie vom Blitz getroffen, wie innig diese Menschen mit ihrer Umwelt verbunden waren. Und so groß dieser Eindruck auch war, so synchron harmonierte mein Inneres sofort mit dieser Art zu leben. Das war nichts, was nicht schon in mir war, es wurde nur gerade mit brachialer Gewalt wiederbelebt. Es fühlte sich an, als ob sich eine Welt öffnete, die sich für eine Weile parallel und unbemerkt zu meiner bewegt hatte und sich jetzt wieder untrennbar mit meiner Existenz verband. Ich war berührt und saß ne ganze Weile mit dem ersten vorsichtigen Glücksgefühl in der herrlich klimatisierten Höhle. Hier bekam ich auch den ersten kanadischen Salbei geschenkt. Ein Rauchgeruch, der mein absolut unangefochtener

Liebling ist. Mir wurde erklärt, dass man mit ihm das Alte ablegen kann und die guten Geister in sein Leben einlädt. Und bis heute räuchere ich alles was mir im Leben wichtig ist mit diesem süßen Wundermittel.

Was mir dieser Moment aber vor allem brachte, war das lang überfällige Wiedersehen mit meinem spirituellen Leben. Das Gegenstück zu unserem wissenschaftlich erklärbaren Leben. Ein so wichtiger Teil unseres Daseins, ohne welchen wir auf keinen Fall Ruhe finden. Aber ich hatte es wieder berührt, dieses wohlige Gefühl, dass in mir etwas ist, was nur mich betrifft. Was so individuell und lebendig ist, dass dessen Pflege und Beachtung ein Hauptbestandteil meiner Heilung sein würde. Unsere ganz persönliche mystische Verbindung zu allem um uns herum, ist für mich bis heute eine der meistvernachlässigten Erkenntnisse in unseren Industrie-Gesellschaften. Das Innehalten und die Synchronisation mit dem Leben und Lebewesen um dich herum, basiert jedoch auf genau diesen Riten. Mehr als je zuvor ist es für jeden von uns existenziell, sich um seinen spirituellen Körper zu kümmern. Und schön ist das auch noch.

NORTH TO THE YUKON

Der Weg nach Norden wäre sicher selbst ein Buch wert. Aber weil ich dir noch so viele Sachen erzählen will, beschränke ich mich hier mal nur auf meine persönlichen Lieblingserinnerungen.

Eine davon ist die, dass ich während einer Greyhound-Bus-Fahrt einen jungen Menschen traf, der mit einem Riesenhaufen loser Blätter unterwegs war und Curtis hieß. Als Curtis mir während unserer gemeinsamen

Fahrt dann erklärte, dass er ein Wanderbuch über den Yukon mit Karte und all seinen Wanderwegen und Lieblingsplätzen schreibt, hatte mich das sehr beeindruckt. Ich war einem tatsächlichen Buchschreiber begegnet und ich hab echt gedacht: Darf der denn das? Ja, so doof war ich. Ich dachte bis dahin, dass nicht irgendjemand ein Buch über irgendwas schreiben durfte. Musste man da nicht sowas wie Buchschreiben studiert haben? Aber Curtis machte das einfach. Eigentlich war er ein junger Gärtner. Irgendwie war es dieser Moment, in dem ich zum ersten Mal verstand, dass eigentlich jeder alles machen darf. Es gab überhaupt keine Sitten-Polizei, die allgegenwärtig aufpasste, dass jeder nur das macht, für das er qualifiziert ist. Vielmehr gab mir Curtis mit seinem Buch die Erlaubnis Sachen auszuprobieren, in denen ich mich vielleicht auch wiederfinde. Irgendwie war ich mir dieser Freiheit nicht bewusst, bis zu diesem Treffen. Und weil diese Busfahrt schon mehr als 20 Jahre her ist und ich jetzt schon ganz alt bin, kann ich dir heute sagen, dass sein Buch ein Renner geworden ist. Wenn du heute in die Yukon-Buchläden gehst, steht Curtis Buch im obersten Regal. Jedes Mal, wenn ich's sehe, muss ich grinsen, weil ich darin immer ein Stück meiner Geschichte sehe.

Und die zweite und wohl noch wichtigere Geschichte ist die meiner ersten Wandergitarre. Es war nicht wirklich meine erste Gitarre, die hatte ich schon früher von meinem Vati bekommen, aber von der habe ich noch, unmusikalisch wie ich war, die Sehnen runtergemacht und bin damit angeln gegangen. Aber die zweite kleine Freundin habe ich von deutschen Auswanderern auf meinem Weg nach Norden bekommen. Sie hatten die Gute auf dem Dachboden ihres gerade neu gekauften Hauses gefunden. Es war eine kleine 3/4 Marlin mit Nylon-Saiten, welche ich gegen Stahlsaiten austauschte, was sofort zu Verformung der alten Dame führte. Aber egal, es klang besser und Ahnung hatte ich ja davon sowieso keine. Aber was diese Kleine noch für Geschichten schreiben sollte, konnte nicht mal ich erträumen. Ich merkte schon während der ersten Schritte die wir zusammen trampten, dass sie eine intensive Begleitung war. Zu dieser Zeit konnte ich kaum spielen, so dass die Gitarre eher ein Möbelstück war, das ich herumtrug. Auch wenn ich sie noch nicht recht zum Klingen bringen konnte, war ihre Wirkung aber auf so vielen Ebenen grandios. Gespräche begannen schneller und Autos hielten an, wenn ich am Straßenrand im Regen stand. Oft folgten Einladungen und noch öfter konnte das Zupfen einer einzelnen Saite die Einsamkeit in Schach halten, die mich auf meiner Reise verfolgte. Na und süß sahen wir zwei natürlich auch aus, so frei und jung am Straßenrand. Diese Klampfe brachte mich an neue Plätze, stellte mich Menschen vor und schrieb nun mit, an meiner Geschichte. Mein erstes e-Moll klang soooo geil und die ersten Fetzen von „Rockin' in the free world" oder „Losing my religion" waren ab da meine neuen Begleiter. Andere Menschen mit Instrumenten wurden meine Freunde und Mentoren. Doch mehr als die Musik selbst war es ihre bloße Anwesenheit. Wenn sie beim Spiel ihre Vibrationen durch meinen Körper summte, gab mir das Rückhalt, um neues Terrain zu erkunden. Oft hat sie sich auch einfach nur geduldig mein Geheule angehört, wenn meine Welt wieder und wieder zusammenstürzte. Und wenn man dann die ersten drei Akkorde kann, sind auch die Abende am Lagerfeuer nichtmehr so einsam. Diese musikalische

Aufrüstung brachte mir nicht nur mehr inneren Frieden, neue Freunde und eine endlose Lernaufgabe, sie brachte mich auch an die wildesten Orte, die damals noch in meiner Zukunft lagen. Sie brachte mich zum Beispiel Jahre später auf den versteinerten Wasserfall, den Hierve el Agua, nach Mexico, wo sie von allein anfing zu spielen. Als dort, vom starken Wind getrieben, plötzlich alle Saiten gleichzeitig räsonierten, bin ich fast von diesem beeindruckenden Berg gefallen. Sie brachte mich auch in einen Keller in Aberdeen/Washington, der einem Freund von Kurt Cobain gehörte. Hier hatte Nirvana angefangen und viel Zeug aus dieser Zeit war sogar noch da. Mein Gastgeber signierte meine Gitarre mit "Kurts friend" und gab mir ein altes Effektgerät vom großen Grunge-Meister, dass ich wie einen Schatz hütete, bis ich es später der Nirvana-Cover-Band „April Hate" in Montreal geschenkt habe. Die punkten damit immer noch volles Rohr. Ich konnte damals selbst nicht ahnen, dass 20 Jahre später die Nirvana-Tour-Cellistin Lori Goldstone auf meiner „Venedig"-Platte mitspielt und Dave Groll meine "Aura Borealis" in seinem CD-Regal stehen hat. Ja, ich weiß, alles kaum zu glauben, aber nich geschwindelt.

Ich hab die gute Wandersmann-Gitarre heute noch. Allerdings ist sie jetzt in einer Plastetüte eingesperrt. Sie ist ermordet worden. Ich hatte sie einem temporären Nachbarn mit gelegentlichen Wutausbrüchen geliehen, weil der arm und einsam war. Irgendwann ist sie dann in sein Fadenkreuz geraten und als Holzhaufen bei mir wieder angekommen. Ich hab sie aufgehoben, weil ich denke, ihre Präsenz wird sich nochmal in einer meiner Installationen wiederfinden. Einen gemeinsamen Auftritt hat sie noch vor sich, vielleicht unser größter überhaupt. Ich halt euch auf dem Laufenden.

Curtis Buch

Meine Wandergitarre

GANZ NACH OBEN

Um den Yukon runterzufahren, musste man erstmal ganz nach oben reisen und da ich 100 Jahre zu spät für den Goldrausch in den Klondike aufbrach, wusste ich wenigstens, wo's langgeht. Die meisten der damals etwas überoptimistischen Goldsucher kamen mit dem Schiff die Inside-Passage an der kanadischen Westküste hoch, um in Skagway Alaska zu landen. Dort versuchten sie, ihre restliche Ausrüstung zusammenzubekommen, um dann den 53 Kilometer langen Chilkoot Trail mit all ihrem Hab und Gut in Richtung Kanada zu überwinden. Wenn sie bis dahin nicht gestorben waren, durften sie mit der Hand ein Holzboot bauen, bis zum Eisaufbruch warten und dann 700 Kilometer nach Dawson rudern. Dort begann dann erst das richtige Abenteuer.

Das klang für mich schon alles sehr groß und weit, aber in einem reisebeschreibenden Bilderbuch hatte ich mir die Fotos genau angesehen. Darauf waren ganz normale Menschen zu sehen und ich war eigentlich noch fit vom DDR-Leistungssport und vom Hochleistungs-Dachdecken. Wenigstens gab's jetzt Kanus, also musste ich kein Boot schnitzen. Und so begann meine Bootsreise im Hafen von Prince Ruppert. Ich kaufte ein Ticket für das Schiff nach Norden. Das klang alles sehr nach Huckleberry Finn mit einer guten Brise Daniel Boone und ich begab mich auf den Weg zu Jack London. Und weil ich ein billiges Ticket hatte, durfte ich auf dem Oberdeck eine Liege im Freien beziehen und verbrachte die Tage mit dem Betrachten der Berge und Gletscher, die an mir vorbeizogen, aus sicherer Entfernung und der Wärme meines Schlafsacks. Während meines Aufbruchs, empfand ich eine

Aufregung, die dem Ablegen der Titanic in Southampton gleichkommen musste und dachte immer wieder an die Menschen von vor 100 Jahren, die für das Ganze nicht mal ne Rückfahrkarte hatten. Unvorstellbar abenteuerlich kam mir das vor und relativierte alles, was ich da grad so anstellte. Die Oldtimer hatten damals keine Ahnung wo ihr Essen, ihre Medizin oder Munition herkommen sollten, reisten aber mit unbändiger Zuversicht in den Gefrierschrank der Welt. Gegen diese Kämpfer und Heldinnen war ich ein Weichei in Markenhausschuhen. Und trotzdem befand ich mich mental an meiner Belastungskante, so ein Ding anzugehen und war stolz, den Anker gezogen zu haben. Genau, ich war stolz, und jetzt lass mal den Wind in mein Gesicht knallen. Moment noch, erst eincremen – so, jetzt bitte.

Nach einer grandiosen Blauwasserfahrt mit Walen und Delphinen, zog ich in Skagway ins Golden North Hotel ein. Wie im Westernfilm war das die Bude an der Mainstreet einer Stadt, die aber jetzt keine Filmkulisse war. Was hier stand, war das Original. An diesen Fichtenbuden lehnten die damals erschöpften Seelen und hofften, einen Whisky zu ergattern, um stehen zu bleiben. Hier war der damals 21-jährige Jack London durchgekommen. Und jetzt glotzt Holly aus dem Fenster und nimmt erst mal ein Bad in der herrlichen löwenfußverzierten Wanne. Und weil ich das ja auch fotographisch später beweisen musste, begann ich meine Kamera auf einem Stapel Handtücher zu balancieren. Wanne voll, nacksch mit Hut, Selbstauslöser drücken und rein in die Wanne. Als ich mich versuchte zu positionieren und ein Grinsen zu formen, wurde mir plötzlich schmerzhaft klar, dass ich die Wassertemperatur mal hätte checken sollen. Aber als disziplinierter Deutscher verschwendet man kein Bild und wartet natürlich, bis die Kamera blitzt. Das bessere Bild wäre gewesen, als ich dann mit Verbrennungen zwölften Grades aus der Wanne gesprungen bin und versucht habe, das Feuer auf meiner Haut auszukriegen. Da war er wieder, der Mann aus den Bergen, rot wie Lobster und fertig für einen Beruhigungs-Whisky. Mann, hatte ich noch viel zu lernen.

Auf dem Schiff nach Alaska

Skagway

Golden North Hotel

DER CHILKOOT TRAIL

Da war er also, der „Chilkoot Trail" über den Pass nach Kanada.

In der Stadt gab es sehr viele historische Fotos von den Goldrauschtagen, die ich unbedingt studieren musste. Wenn ich manchmal an historisch wichtigen Plätzen bin, würde ich am liebsten alles anfassen und die Geister wecken, die hier auf ihrer Reise durchkamen. Ich war einer von ihnen geworden. Ich stand auf der Straße, auf der sich Soapy Smith mit dem Sheriff gegenseitig niedergeschossen hatten. Ich lief auf dem Weg, auf dem Jack London seine Eindrücke für seine Bücher sammelte und bin durch das Nadelöhr gekommen, durch das jedes Freudenmädchen, jeder Banker, jedes Pferd und jedes Hundegespann auf ihrem Weg in den Klondike mussten. Alle waren sie hier, und viele sahen das Meer zum letzten Mal in ihrem Leben. Besonders die Pferde. Keines von ihnen hat den Trail geschafft, und so heißt ein beträchtliches Stück des Weges Dead Horse Trail. Tausende der treuen Weggefährten sind hier erfroren, gegessen worden oder schlicht unter ihrer Last zusammengebrochen. Später sollte ich viele dieser Zeitzeugen oder jedenfalls ihre Knochen finden. Ich allerdings hatte nicht vor, dort liegen zu bleiben, und auch wenn ich ein bissel Schiss hatte, dachte ich schon, dass man das wandern kann. Erst durch dschungelartigen Küsten-Regenwald, dann die 45 Grad steilen Golden Stairs hoch und dann weiter über hochalpine Blumenwiesen bis nach Lake Bennett. Im Gegensatz zu mir mussten die Goldsucher eine Tonne Proviant und Ausrüstung mitschleppen. Kein Witz, die Kanadier haben sie sonst wegen der Hungersnot und so, nicht reingelassen. Deshalb haben meine Wandervorfahren den Trail bis zu 40-mal gemacht. Ich hatte ja nicht mal viel Gepäck und da wird der ehemalige Vize-DDR-Meister der nordischen Kombination wenigstens einmal hochkommen. Aber weil ich halt Holly Driftwood bin, sollte wieder alles ganz anders kommen.

Nach den ersten Meilen durch herrlich dichten und nassen Wald, dutzenden übersprungenen Bärenspuren kam ich am Finnagans Point an und traf zu meiner großen Erleichterung ein österreichisches Trio, bestehend aus einem 60-jährigen Ehepaar und deren gleichaltriger Freundin. Damals dachte ich, das sei alt; sieht heute aber ganz anders aus. Für mich war das sehr entspannend, weil ich dachte: Wenn die da hochkommen, kann ich an den Blumen riechen. Wir beschlossen unser Nachtlager gemeinsam im nächsten Camp in Canyon City aufzuschlagen und ich lief schon mal vor. Mich erwartete dort eine alte Blockhütte mit einem Ofen, den ich schon zum Glühen gebracht hatte, als die drei erschöpft ankamen. Ich war der König. Die Freundin des Paares dankte mir ausgiebig für die wohlige Wärme im Haus und berichtete mir über ihre Angst vor den nächsten zwei Tagen. Ich machte ihr Mut, den ich selbst nicht hatte und gab ihr eine von meinen Dextro-Energen, welche ich ihr als Super-Wander-Energie-Tablette unterjubelte. Sie war beruhigt und ich wurde ihr Tourguide, falls sie zurückfallen würde. Im Herzen war ich echt froh, ihr helfen zu können. Freundschaft war hier an diesem Platz oft bis zum Zerreißen getestet worden und war doch immer der Grund für weniger Schmerz und gutes Vorankommen. Wir haben uns gegenseitig aufgepäppelt. Der alte Mann der Truppe, ein Alm-Öhi mit fettem österreichischem Slang, brachte stolz eine Flasche Obstler aus seinem Rucksack und stellte sie auf den Tisch. Meine Augen leuchteten wie Gold, hatte ich mir doch das Gewicht einer solchen Medizin nicht draufgedrückt. Er hielt eine kleine Rede über die Nützlichkeit der Flasche und dass er nie ohne eine irgendwohin gewandert wäre. Dann führte er sie festlich zum Mund. Nach dem ersten Schluck dachte ich, dass ich das Gefäß bekomme, um seine Ladung etwas zu erleichtern, wurde aber Zeuge eines Wutausbruchs in österreichischer Mundart. Es klang sehr bedrohlich, und die Hütte war auf einmal ganz klein und ich guckte schon, einen Fluchtweg suchend, nach der Tür. Als er sich dann aber nach einer gefühlten Ewigkeit beruhigt hatte, stellte sich heraus, dass ihm seine Freunde, von denen er die Flasche bekommen hatte, einen Streich gespielt hatten und sie mit Wasser aufgefüllt hatten. Er hat es ihnen nie verziehen und so wurde ich Zeuge einer Freundschaftsbeerdigung im Alpenstil. In der Haut seiner Ex-Kumpels von zuhause möchte ich nicht gesteckt haben, als er heimkam und ich selbst fand den Scherz auch ziemlich doof, denn ich hatte ja nun auch keinen Schnaps, wegen der Rindviecher. Naja, jetzt erstmal schlafen. Was sollte schon noch passieren? Wir betteten uns in unseren Schlafsäcken auf den Erdboden unserer Unterkunft und träumten uns diese Enttäuschung weg. Kurz nach dem Einschlafen ertönte neben meinem Ohr ein furchterregender Schrei. Man glaubt ja gar nicht, wie schnell man mit Schlafsack aufstehen kann. Die Single Dame des Gespannes saß wie eine Eins in ihrem Schlauchbett und schrie in voller Panik: "Muuuus". Ich kannte das Wort aus dem Englischen als Moose, das Wort für Elch. Ich begann nach der Kopflampe zu tauchen und nahm an, dass ein Elch in die Bude eingebrochen war. Jetzt hatten wir eine Kollektivpanik, weil sie nicht aufhörte zu schreien, und ich versuchte, diesen Elch zu finden. Keiner da. Und so lernte ich, nachdem alle Lichter angingen, dass „Muuuus" auf Österreichisch „Maus" heißt und sie ein paar davon im Schlafsack hatte. Das wäre die zweite wunderbare Gelegenheit gewesen, einen Obstler zu trinken, als wir die da wieder raushatten. Aber wir haben uns einfach wieder hingelegt und unsere kleinen Freunde kamen sofort wieder zu Besuch. Viele von ihnen, richtig viele. Vielleicht stand deswegen das Schild "Don't sleep in the cabin" draußen an der Tür. Haben wir ja auch nicht. Keiner hat in dieser Nacht auch nur ein Auge zugetan.

DAS CAMP VORM GIPFEL

Der nächste Abschnitt war eigentlich eine schöne Wanderung mit genügend Pausen, um die letzte Nacht zu kompensieren.

Der geschichtsträchtige Pfad entlang des Bachs war gespickt mit liegengebliebenen Habseligkeiten aus dem letzten Jahrhundert, jedes Stück erzählte eine Geschichte. Ich konnte meinen mich immer begleitenden Geist gut mit meinen Schritten in Einklang bringen und fühlte mich, glaube ich, ziemlich wohl. Ich muss wohl getrödelt haben, als ich nach einem etwas verworrenen Tourabschnitt den rechten Weg nicht gleich wiederfand. In Echtzeit waren das nur Sekunden, in denen ich verirrt war, aber mein Blut kochte sofort hoch und ich begann ganz genau aufzupassen, wo ich hinging. Mann ey, hier draußen will man einfach nicht verloren gehen. Dieser Minischock war ein Weckruf für mein inneres Navi und sollte mich für viele Jahre auf den richtigen Trails halten. Das Sheep Camp war unser Ziel des Tages. Das Lager, in dem das einzige Foto der Reise Jack Londons damals gemacht wurde. Ich fand die Stelle, an der mein Lieblingsromantiker am 21.August 1897 stand und mein Herz war richtig groß, richtig groß. Ich mag es bis heute sehr, meine Helden zu verfolgen und ein wenig mit ihren Augen zu sehen.

Meine Ösis kamen etwas später auch gut an und so sind wir alle schnell eingeschlafen, nachdem uns der Park Ranger über die Bärensituation im Camp aufgeklärt hatte, denn Bären waren da, machten aber keine Schwierigkeiten. Ich war zu müde zum Angsthaben und schlief ein, den steilen Aufstieg zur goldenen Treppe vor meinen Augen. Am nächsten Morgen wachte ich mit Knieschmerzen auf. Nicht schlimm, aber auch nicht schön. Weil mir früh immer übel ist, brauchte ich nichts zu kochen, verabschiedete mich bei meinen Altwanderern und lief los. Draußen war dichter Nebel. Je höher ich kam, wandelte sich der Nebel in null Grad warmen Regen. Es war gruslig. Aber weil es so anstrengend und aufregend war, fühlte ich mich warm und sang vor mich hin. Ich genoss sie, glaube ich, meine Abenteuerlichkeit und meinen Frühstart, die mir viel Zeit gaben, um es über den Pass bis zum Happy Camp zu schaffen. Plötzlich tauchte eine Gestalt hinter mir auf. Aus dem Regen kam stampfend ein großer Mann. Mit seinem Wollpullover, darüber einen offenen Ledermantel und einer ebenfalls offenen Rumflasche in der Hand, überholte er mich. Er hatte null Ausrüstung dabei und war genauso schnell wieder verschwunden, wie er mich erschreckt hatte. Die flüchtige Begegnung mit diesem Mann brachte mich erneut zum Nachdenken darüber, wie wenig ich mir eigentlich zutraute. Ich war voll ausgerüstet, gut

beschuht, hatte Verpflegung dabei und war trotzdem
nervös. Und dieser Pirat spazierte den Chilkoot mit einer Buddel. Aber alles sollte noch ganz anders kommen.

Sheep Camp

DIE LEBENSRETTUNG AM PASS

Als ich mich über die ersten schlüpfrigen Steine des 45 Grad steilen Aufstieges zutschte, begann der Schneesturm und das im August. 45 Grad Steigung heißt, ein Entfernungsmeter ist auch ein Höhenmeter. Ich bin oft auf allen Vieren gekrochen, und ich dachte dabei an meine Seniorin hinter mir, die wahrscheinlich gerade ihr Dextro-Energen einnahm. Sie würde es brauchen. An einem schönen Tag wäre das alles lustig gewesen, aber mich hat das Wetter an dem Tag runtergekühlt und dann richtig verdroschen. Gesehen hat man wegen des Schneetreibens sowieso nichts, aber das Tal ist so schmal, dass nicht mal ich mich verlaufen konnte. Als ich endlich oben am Pass ankam, war alles weiß in Weiß. In der Hoffnung aus dem Gestöber rauszukommen, wollte ich einfach schnell die andere Bergseite wieder runter. Stehen bleiben ging gar nicht. Ich war nass und kalt und miserabel drauf, als mitten vor mir eine Lady auftauchte. Sie hatte einen roten Schneeanzug an und fragte mich, während mir die Kinnlade auf die Schuhe fiel: "Do you want a hot chocolate?" Meine Welt blieb stehen und ich wollte sie erstmal zwicken, ob sie auch echt ist. Vielleicht war sie nur eine Geisterfreundin vom Rum-Pirat. Aber sie war sehr echt und erklärte mir, dass es eine Schlechtwetterwarnung gegeben hatte und sie mit dem Hubschrauber abgesetzt wurde, um auf uns aufzupassen. Ich folgte ihr freudigst in eine kleine Schutzhütte und schlürfte die heiße braune Milch. Es war warm, und mein Körper schmolz vor Genuss in den Stuhl. Sie fragte mich, was ich über die anderen Wanderer wusste, und so fragte ich zurück, ob der Nebelmann auch eine Schokolade getrunken hat. Sie schaute mich fragend an und erwiderte, dass hier seit zwei Stunden niemand vorbeigekommen war. Mit Schrecken wurde uns beiden klar, dass der Junge noch da draußen sein musste. Aber wie hätten wir ihn übersehen können, wo war der? Ich zog meinen nassen Kram wieder an, und wir klapperten uns durchs Gematsch, den Trail wieder runter. Zum ersten Mal begriff ich, wie hart der Chilkoot sein kann und wie nahe Leben und Tod hier vor 100 Jahren beieinanderlagen. Von unserem Wanderer keine Spur. Sie erzählte mir dann von einem kleinen Felsvorsprung, an dem die Goldsucher früher Sachen zurückließen, die sich für ihre Weiterreise als nutzlos erwiesen hatten. Wir krabbelten die kleinen Kanten entlang, deren Enden sich um eine Ecke wanden. Gar nicht weit, aber unsichtbar vom Haupt-Trail aus. Am Ende dieser kleinen Traverse inmitten von Goldrausch-Hinterlassenschaften saß er dann, an eine Felswand geschmiegt und nicht ansprechbar. Wir konnten nicht mal den Namen aus der weit unterkühlten Seele herausbekommen, also begannen wir, den nassen Sack über den Schneematsch zu schieben. Sie vorn, ich hinten, den ganzen Weg bis in die kleine Hütte, zurück zum Kakao. Ich dachte nur: Was ist denn jetzt schon wieder los hier und hätte fast gegrinst, wenn`s nicht so ernst gewesen wäre. Der Junge sah echt nicht gut aus, und ich erinnerte mich an ein Foto aus Oberwiesenthal. Das hängt dort in einer Kneipe, dem „Prijut". Ein Bild eines Erfrorenen, an dem meine DDR-Bergsteigerfreunde Lutz und Co. gerade vorbeiklettern, auf dem Weg auf einen ihrer 6.000er. Ich war ja nur 1.000 und paar zerquetschte Meter hoch, aber der Kollege wäre auch hier, ohne unsere Hilfe bis zum Frühjahr verschimmelt. Als wir ihn dann endlich in der Hütte hatten, bekam er keine

Schokolade, sondern eine super professionelle Unterkühlungs-Rettung vom Schutzengel. Erst haben wir ihn ausgezogen, sie hat ihm Medizin verabreicht und eine Stunde später kam ein Hubschrauber und hat ihn ausgeflogen. Ich war froh, mal zum richtigen Zeitpunkt an der richtigen Stelle gewesen zu sein. Und so feierten die Park Rangerin und ich die Rettung, während meine Gedanken darum kreisten, wo sich denn der Rum aufhalten könnte. Der ist irgendwo da draußen geblieben, zusammen mit den anderen Zeitzeugen dieser bewegenden Gebirgskammwanderung am Rande Kanadas. Wir redeten dann über die anderen noch kommenden Wanderer, und da fiel mir meine Österreicherin wieder ein. Ich wärmte mich noch etwas und stieg die Golden Stairs wieder runter, um ihr entgegenzulaufen. Als ich sie traf, nahm ich ihren Rucksack und machte meinen zweiten Aufstieg, und wir sind alle gut oben angekommen. Ich muss wohl ziemlich voll Adrenalin gewesen sein, denn ich verabschiedete mich nach einer weiteren Aufwärmrunde, um im etwas entfernten Happy Camp mein Nachtlager aufzuschlagen. Meine ältere Freundin drückte mich ganz herzlich, weil wir wussten, dass wir uns jetzt aus den Augen verlieren würden und unsere Leben wieder ihre eigenen Wege gehen werden. Was wir zu diesem Zeitpunkt aber noch nicht ahnten, war, dass ich ein paar Jahre später mit ihrer Tochter in Peru den Aufstieg über den Inka-Trail zum Machu Picchu machen würde. So klein ist die Welt auf ihren Bergen.

Als ich dann doch völlig fertig im Happy Camp ankam, war ich nicht happy und sehr allein. Kein Ofen und kein Stück Holz da oben. Sobald ich stehen blieb, fror ich sofort am ganzen Körper. Sobald ich weiterlief, merkte ich, dass ich nichtmehr weit kommen würde. Nach ein paar zermürbenden Gedenkminuten entschied ich mich, die Zeichen meines ausgezutschten Körpers zu ignorieren und ins Tal abzusteigen, um wenigstens aus dem Mistwetter rauszukommen. Bis zum nächsten Camp zu kommen, war eher eine Illusion. Aus dem Wetter kam ich raus, aber anhalten konnte ich nichtmehr. Ich war zu schwach, um mein Zelt aufzubauen und es war zu kalt, um ohne Zelt zu schlafen. Es wurde dunkel und ich latschte im Kälte-Schwäche-Delirium, ziemlich verloren und weit über meiner Leistungswandergrenze, den matschigen Trail ins Tal. Irgendwann wird die verdammte Hütte schon kommen, dachte ich und irgendwann kam sie auch. Als ich die Tür aufmachte, bot sich mir eine Szene wie aus einem Abenteuerfilm. Die Hütte rammelvoll mit Leuten, der Ofen glühte und einer las ein Gedicht von Robert Service, einer Poetenlegende. Ich muss wohl ziemlich scheiße ausgesehen haben, als ich da so in der Tür hing. Der Vorleser hörte sofort auf, jemand nahm mir den Rucksack runter, jemand gab mir einen warmen Rum, und ich hätte mir am liebsten vor Freude eingepinkelt, als sie mir am Ofen Platz machten. Geheult habe ich glaube ich auch erstmal bissel. Sie konnten alle gar nicht glauben, wo ich da gerade herkam. Sie hatten von der Unwetterwarnung gewusst und sich alle in der Hütte versteckt und alle anderen waren auf der anderen Seite des Passes geblieben. Nur der kleine Holly schlenderte nach zweimal "Golden Stairs" durch den Matschsturm ins kleine Hüttchen.

Den Boden der Rumtasse habe ich nichtmehr gesehen und bin am nächsten Tag zur Fußblasen-Besichtigung auch noch dortgeblieben, bevor ich auf den Schienen der alten Bennett-Eisenbahn ans Ende des Trails weitergewackelt bin.

Heilige Scheiße, dachte ich nur, fantasierend über die Oldtimer von vor 100 Jahren, die dann zurückgingen, um die nächste Ladung ihrer Ausrüstung zu holen. Die waren echt aus anderem Holz als der kleine "Treibholz Lolly". Aber wenigstens hatte ich mitgeholfen, ein Leben zu retten.

„Die Goldene Treppe" 1897

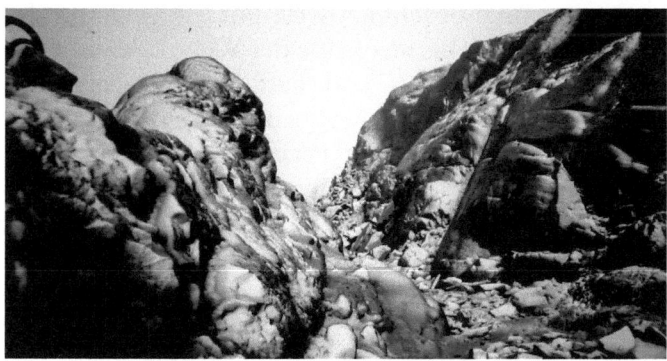

Der Chilkoot Pass

DER RAUB

In der Wanderherberge in Skagway habe ich mich dann erstmal ordentlich ausgeruht, wie ein guter Deutscher eben. Erstmal einen ganzen Nachmittag abgebummelt und dann gleich auf nach Whitehorse.

Dort beginnt am Ende des Lake Laberge der Yukon River. Whitehorse ist auch die letzte Stadt für viele hundert Kilometer, in der man Proviant und Ausrüstung bekommen kann. Direkt am Fluss gibt es dann zwar in Carmacks einen kleinen Laden und noch weiter runter irgendwo eine Familie im Wald, aber eigentlich muss man für die rund 600 Kilometer ziemlich vorausplanen. Die Vorstellung, dass man da einfach nichts bekommt, war etwas seltsam. Im Heimatland gibt es keine zehn Kilometer, ohne dass man in eine Würstchenbude rennt, und wenn dir hier das Kanu abhandenkommt, hast du ein Problem. Diese Fakten brachten meine Aufmerksamkeit in puncto Werkzeug und Essensplanung ziemlich auf Weltniveau. Jetzt wurde es ernst. Keine Anwälte, Rettungshubschrauber, und beim lauten "Mutti" rufen kam auch nur ein Echo zurück.

Also erstmal ordentlich viele Nudeln gekauft. Mit Nudeln kann ich bis ans Ende der Welt paddeln. Und mit Käse und Salami und natürlich mit Bier. Ich musste es ja nicht tragen. Entschuldigung, dass ich im Buch den Alkohol so als Psychotherapeuten feiere, aber man lernt erst später im Leben, dass das nicht wirklich therapiert. Aber hier im Buch bin ich ja noch jung. Ich begann also das erste Mal in meinem Leben zwei, drei Wochen vorauszudenken, was ich wohl am letzten Tag noch zu knabbern hätte. Damals dachte ich ja auch noch, dass ich als Abenteurer, wenn das

Essen aufhört, gleich sterb. Heute weiß ich, dass man, wenn´s richtig hart kommt, bis zu 48 Tagen ohne Leckereien auskommen kann. Solche Situationen passieren zwar kaum, aber es ist schon gut zu wissen, dass man da nicht gleich in Schwierigkeiten, sondern nur hungrig ist. Aber hungern wollte ich nicht, also ein paar Extra-Nudeln gekauft. Und eine Packung Eier.

Während dieser Tage war mein Basecamp auf einem Campingplatz nahe Whitehorse am Fluss. Abends bin ich manchmal in den Dorfsaloon gegangen, um mich etwas schlauer zu machen, über meine Reise durch die Wildnis. Und so sind zwei Sachen auf einmal passiert.

Erstens hatte ich blöderweise einen meiner wichtigsten Beutel vor meinem Zelt am Baum hängen lassen. Als ich angedudelt wiederkam, war der weg. Ich konnte umgehend mit der Trauerfeier um den Verlust meines Lieblingsmessers, meiner Räuchersalbe, meiner ganzen Medizin und einer Spiritkette beginnen. Die Sachen waren mir alle so wichtig, und auch die Überraschung, dass hier im Wald geklaut wird, machte mich supertraurig.

Zweitens hatte ich im Saloon erfahren, dass gerade ein Kanufahrer aus Holland im Lake Laberge ertrunken ist. Der Wind auf dem See ist echt tückisch und mit einem offenen Kanu zu fahren, davon rieten alle ab. Das Auffinden der Ausrüstung des Holländers hatte mich dann überzeugt, dass ich die Reise unterhalb des Sees beginnen musste, um nicht zu viel zu riskieren. Der Fluss selbst sollte ja ganz ruhig sein, also entschied ich mich, nach Carmacks zu trampen und dort ein Boot zu mieten. Auf alle Fälle hatte ich jetzt erstmal genug Nudeln dabei.

MIT DEM KÜCHENMESSER
DEN YUKON RUNTER

Ich hatte mich also mit meinem ganzen Proviant bis nach Carmacks vorgetrampt, mir dort ein Kanu hinbringen lassen und versucht, mich zu sortieren. Mit meinem Zelt am Ufer des Yukon wurde ich Nachbar eines jungen Paares, von dem ich lernen sollte, "einfach stehenzubleiben" und „anzuhalten".

So wie ich aufgewachsen war, befand ich mich irgendwie immer auf der Flucht. Auf eigenartige Weise begleitet mich dieses Gefühl bis heute noch, dass man, egal wie die Situation ist, einfach nicht verweilen darf. Mein Instinkt sagte mir, alles schnell zusammenpacken und los. Das junge Paar allerdings, sie eine wunderschöne Argentinierin und er Kanadier, gammelten so herrlich rum, dass ich mich dann doch erstmal noch drei Tage fallen ließ und den Vorwärtsgang rausnahm. Es war herrlich, einfach nur den Fluss anzuschauen, wie er begann mein Leben neu zu ordnen. In mir begann ein Gefühl zu entstehen, dass der Fluss des Lebens etwas mit dem Wasser vor mir zu tun hat. Dass der Yukon nur einfach da war und ich auch einfach nur da sein durfte.

Es begann eine Zeit, in der meine selbst erdachte Lebenspolizei, die mir mit unermüdlicher Präzision über die schuldige Schulter schaut, kleine Pausen machte. Ganz kleine. Aus diesen Pausen wurden langsam niedlich lächelnde Momente, in denen ich das Gefühl erahnen konnte, dass meine Hände wieder nach dem Steuerrad des eigenen Lebens tasteten.

Am dritten Tag fühlte es sich so an, als ob ich jetzt bereit wäre, mich dem Riesenfluss anzuvertrauen. Leider klauten mir bei der nächtlichen Abschlussfeier ein paar betrunkene Einheimische mein Ersatzmesser. Ich war wieder super sauer.

Heute weiß ich, dass der weiße Mann ihnen alles andere geklaut hat, inklusive ihrer Kinder und ich bin überhaupt nicht mehr sauer auf sie, sondern versuche ihnen zu helfen, wo ich kann. Meine Winnetou-Romantik hat sich nach dem Erlernen der geschichtlichen Fakten schnell verzogen. Ich habe heute größten Respekt, wie die nördlichen Stämme damit umgehen, nachdem man versucht hat, sie auszurotten. Aber sie sind da und werden stärker. Heute darf ich einige von ihnen meine Freunde nennen. Freunde, die als Kinder von ihren Müttern getrennt wurden, denen die Haare geschnitten und die Sprache verboten wurde. Viele andere sind auch einfach verschwunden. Heute stehen viele von ihnen an der Frontlinie zur Verteidigung unseres Ökosystems, weil sie wissen, wie eng wir alle damit verbunden sind. Hier oben haben über 12.000 Jahre Menschen mit den Zyklen der Natur gelebt, ohne von außen etwas bekommen zu haben. Das Wissen dieser Menschen ist genauso viel wert wie die Erkenntnisse unserer Wissenschaft und sie denken Vieles genauso, wie ich. Das hat mir niemand gelehrt. Ich war immer mit meiner Umwelt verbunden und werde es bis über meinen Tod hinaus bleiben, weil es die wichtigste Verbindung ist, die über allem steht.

Aber zurück in die Vergangenheit. Ich bin dann also am Morgen in den kleinen Kaufmannsladen gegangen und habe mir ein Old Hickory Küchenmesser gekauft, um in See zu stechen. Zum Thema Bärenverteidigung hatte ich noch einen alten Mann befragt, der mir sagte: "Du solltest einen langen Speer haben und eine lange geschmeidige Spitze daran schnitzen." Er betonte, dass es wirklich auf die Form der Spitze ankam. Ich fragte warum. „Na wenn dir der Bär die Stange in den Arsch steckt, tut's nicht so weh".

Mit meinem neuen Wissen, was so viel hieß wie „Geh dem Bären aus dem Weg", ließ ich die Strömung mein Boot ergreifen und glitt in mein größtes Abenteuer.

Meine Bärenabwehrstange

STILLES CHAOS

Der erste Schock, der mich traf, war die Stille.

Die Zivilisation und das alte Leben blieben am Ufer zurück. Planlosigkeit und die Weite, wie sie sich nur hier im Norden entfalten kann, übernahmen meine Tage.

Ich fasste das Paddel, dass für die nächsten zwei Wochen mein Freund sein sollte, das erste Mal an. Zwei davon hatte ich, falls mir eines Blasen reibt oder wegkommt. Die Stille und das lautlose Gleiten begannen mich einzulullen und von Zeit zu Zeit kam eine Euphorie-Welle und ich schrie "I'm doing it". Was so viel heißt wie „jetzt passiert das wirklich alles". Das schöne Wetter, in dem ich gestartet war, sollte sich schon bald in einen verfitzenden Wind verwandeln. Und so wurde es ziemlich deutlich, dass meine Kanu-Beherrschung stark zu wünschen übrigließ. Der Wind machte mit mir was er wollte und ich hatte große Mühe, dass meine Kanuspitze flussabwärts zeigte. Dann begann es zu schiffen. Von der stillen Weite und dem romantischen Abenteuer war nichts mehr zu spüren. Ich musste an Land, wo sofort die nächste Lektion auf mich warten sollte. Kanus landet man, indem man sie flussaufwärts dreht, durch paddeln die Strömung ausgleicht und sanft anlegt. Nicht, indem man flussabwärts hektisch in eine Böschung einspickt, das Kanu auf die Seite rollt und so das erste Paddel seiner Reise verliert. Als ich den Rest in trockene Sicherheit geschleift hatte, habe ich mich erstmal in meine Zeltplane eingewickelt und den Sturm ausgewartet. Mir wurde bewusst, dass mir dieses verlorene Paddel keine Blasen reiben würde und mir bereits weit voraus war.

Auf das Zweite, das ich noch hatte, passte ich ab sofort auf wie ein Schießhund. Auf die Idee, mir ein neues zweites Paddel zu schnitzen, bin ich echt die ganze Reise lang nicht gekommen, was ich bis heute nicht recht glauben will. Der Spaß war jedenfalls fast nicht auszuhalten. Da lag ich nun in einem Zelt ohne Stangen und wurde vom Wetter verdroschen. Eigentlich ein guter Zeitpunkt, um nach Hause zu gehen, aber das war ja jetzt vorbei. Was jetzt zählte, war sich auf sich selbst zu konzentrieren. Auf das, was man wirklich konnte, auf das, was man gesehen hatte und zu hoffen, dass einem für jedes Problem eine Lösung einfallen würde. Endlich machte das Begrüßungswetter eine Pause und so schnell, wie dieser Blitz-Sturm kam, war er auch wieder weg. Mit einem Paddel weniger und einer deutlich besseren Lastenverteilung als beim ersten Versuch, glitt ich nun in meinen ersten endlos hell bleibenden Yukon-Abend.

Im Fluss

DIE ERSTE NACHT

Für meine erste Nacht suchte ich mir eine Insel aus, die schön weit weg vom Wald war, in dem die Bären wohnten. Auch wenn die schwimmen konnten, konnte ich sie so wenigstens kommen sehen. Das schien mir sicherer.

Je später es wurde, umso mehr kroch mir die Angst in die Knochen. Da half auch Nudeln kochen und Beruhigungs-Bier trinken nichts. Ich kann mich noch sehr genau an den Moment erinnern, als ich mein Tagebuch aufschlug und schrieb: Ich hab mich total übernommen. Die Umstände, in die ich mich begeben hatte, überstiegen meine mentale Kapazität, damit umzugehen. Mit einsetzen der Stille der Nacht und meiner ersten kompletten Einsamkeit kam, was kommen musste - Angst. Und genau an diesem Punkt, wenn dich das rationale Denken im Stich lässt, beginnen deine Instinkte zu erwachen. Ich komm hier nicht einfach so raus, wurde mir in diesem Moment klar. Ich konnte mich weder rausreden noch jemandem sagen: Nu mach doch mal! Ich war der Mann, auf den es ankam. Ich musste mich hier selbst rausbringen. Ein großes Feuer schien mir die beste Medizin und weil ich ja das erste Mal ganz alleine war, konnte ich meinen "Bitte esst mich nicht-Bärentanz" aus voller Seele aufführen. Mit meinem schönen Spitzen-Speer hopste ich um die Flammen, tanzte mit den Schatten und schrie in den Wald: Lasst mich ja in Ruhe. Ich stand auf eigenen Wunsch knietief in der schönsten Scheiße der Welt und musste mich im wahrsten Sinne des Wortes selber retten. Zum Glück hat's niemand gesehen, aber wer weiß das schon. Ich ritzte Rations-Striche an die viel zu kleine Whisky-Flasche und krabbelte in mein

Zelt. Mit weit offenen Ohren lag ich dann da, bis mich der Schlaf des erschöpften Jungabenteurers abholte. Mich hat niemand aufgefressen, aber am Morgen fehlten die Eier. Irgendein erfahrenes Waldwesen, ich dachte damals an einen Fuchs, aber aus heutiger Sicht waren es wohl eher die Raben, hatten schon vor mir gefrühstückt. Da stand ich nun als Yukon Robinson auf meiner Insel ohne Eier. Mir war zu diesem Zeitpunkt glasklar, dass ich meine Show unter Kontrolle kriegen musste und der einzige Weg dahin war, sich zu entspannen. Die ganze Sache mit einer ruhigen Dynamik anzugehen und die Nerven zu beruhigen.

Der Fluss half mir dabei, als ich an diesem Morgen losdriftete. Seine große Ruhe begann mein Freund zu werden und machte mit jeder Flussmeile mehr Sinn. Der sinnlose Kampf gegen die Natur begann sich in ein Beobachten und Verstehen zu verwandeln. Langsam, ganz langsam.

Meine eigene Insel

ES GEHT ABWÄRTS

Nach ein paar Tagen kommt man am Yukon an eine Stelle, an der sich Fluss und Highway zum letzten Mal treffen. Man ist zwar vorher schon in tiefer Wildnis, aber hier wäre der letzte Notausstieg.

Und so war ich eher überrascht, als sich mein Geist tatsächlich mit der Frage beschäftigte, aufzugeben und das Ding abzubrechen. Mir ging es überhaupt nicht schlecht, aber das Unbekannte, das noch vor mir lag, brachte mir dieses Unwohlsein.

Selbst will man sich das ja nicht eingestehen, weil man eher ein Held sein will. Ging aber nich.

Es war für mich als kleines Großmaul schon ein ganz-schön großer Deal, da reinzuschippern und nich so richtig zu wissen, was ich wirklich kann. Wenn alles gut ging, geht ja alles gut, aber was, wenn nich? Was, wenn das Kanu abhaut? Was, wenn ich mir ein Bein breche oder was, wenn ich gejagt werde?

Es begannen sich Bilder in meinem Kopf zu formen, die hätten jeden Horrorfilm wie die Lindenstraße aussehen lassen.

Heute weiß ich, dass uns der eigene Kopf so herrlich im Weg rumstehen kann und ich weiß nicht, warum das so ist. Aber mit der Realität hat unsere Gedankenwelt oft absolut nichts zu tun. Ich denke, unser Geist verhindert häufig mehr als er ermöglicht. Ein Fakt, der mir im Leben oft begegnete. Immer und immer wieder streite ich mich mit mir selbst über das was geht und was nicht, über das, was moralisch vertretbar ist und was einfach Scheiße ist. Aber eben auch über das, was man kann und was nicht. Und da ist der Geist einfach geisteskrank.

Klar können wir das alles. Unsere Vorfahren haben mit so viel weniger so viel mehr gemacht und wir sitzen heute immer da und suchen uns wahre und erfundene Probleme zusammen und lassen dann wichtige Sachen einfach sein.

Hier an dieser Stelle weiterzufahren, war sehr wichtig für mich. Weiterzumachen hat mir Vertrauen gegeben. Vertrauen in mich. Vertrauen, dass ich, wenn mir keiner von der Seite reinlappt, richtig gute Sachen machen kann. Sachen, die für mich Sinn machen. Dinge, die gelebt werden sollten, obwohl sie nicht auf dem Standard-Menü stehen.

Und so bin ich in mein neues Leben getrieben. Der kleene Holly auf dem großen Fluss, im hohen Norden. Jack London ist auch hier langgekommen und hatte bestimmt schon keinen Kaffee mehr, keine Rückfahrkarte und sein Boot war sicher auch beschissener. Also, alles halb so schlimm und doppelt so schön. Und so begannen sich meine Augen zu öffnen und mein Geist wurde leiser. Ich bin jemand, der sehr viel laut mit sich redet, wenn ich alleine bin und so sind wir beide nie alleine. Holly drin und Holly draußen.

Ich denke, genau hier, genau an diesem Tag, begann die Liebe zu diesem Fluss, der sich an jeder Biegung veränderte. Der Yukon ist kein Postkarten-Fluss, aber irgendwie hat er mich erwischt. Seine kleinen Inseln, seine Felswände, die einem das Innere der Erde zeigen, seine Farben und vor allem seine Ruhe. Er hilft dir, wenn du mit ihm fließt. Er hilft mir bis heute die Welt zu verstehen, heilt mich, wenn sie mir weh getan hat und zeigt mir immer und immer wieder die Schönheit der Veränderung.

Jetzt lief alles ganz gut und ich begann zu denken "On Top of the Game" zu sein. Die Last im Boot war gut verteilt, das Futter schien zu reichen und die Camps wurden besser. Ich hatte mir eine Pfeife in der Form eines menschlichen Fußzehs aus Seifenstein gefeilt und dampfte Salbei aus dem Nagelbett. Ich leckte an der täglichen Whiskyration und übte treiben lassen. Aber weil ich halt der Holly bin, wartete hier draußen eins meiner bisher ungewöhnlichsten Abenteuer auf mich.

Mir hatte ein junger asiatischer Mann in Whitehorse von einem alten John berichtet, mit dem er am Coffee Creek eine Pizza mit "Magic Mushrooms" gebacken hatte. Falls ich auf den alten John stoßen würde, sollte ich ihm liebe Grüße sagen und ausrichten, dass die Pizza für ordentlich Farbe beim Kanufahren gesorgt hatte. Witzig dachte ich und hatte keinerlei Hoffnung, die Hütte am kleinen Kaffee-Bach zu finden. Ich hatte ja vorsichtshalber mal keine Flusskarte mitgebracht und wusste sowieso nicht, wo oder wie weit ich war. Und trotzdem hab ich den Platz gefunden und was ich da erlebt hab, hat meine wildesten Abenteuervorstellungen nicht nur übertroffen, sondern mir auch einen Crash Course im Yukoner-Sein beschert. Die machen nämlich Sachen bissel anders als wir Deutschen und so tauchten am Horizont ein paar geparkte Boote am Ufer auf. Irgendwas tat sich da und ich beschloss, mal Guten Tag zu sagen. Zu wem auch immer.

Treiben lassen lernen

COFFEE CREEK JOHN

Schon als ich mein Kanu neben die Motorboote wurschtelte, fiel mir auf, dass diese Boote hier sehr hart arbeiteten. Die meisten waren selbstgebaut, ihre Bootskörper waren lang und schmal und hatten ziemlich ramponierte Propeller. In manchen lagen Fischnetze und in fast allen leere Bierbüchsen. Ich krabbelte ans Ufer und fand den Blockhaufen, denn ein Blockhaus war das nicht mehr. Ein Teil vom Dach war schon eingefallen. Draußen war keiner, aber drin war´s laut. Und so betrat ich, wie in einem Film, eine Hütte in der Wildnis. Als sich meine Augen auf die Dunkelheit scharfgestellt hatten, war ich zuerst überrascht, wie viele Wilde in so eine Bude überhaupt reingingen. Das Ding war gerammelt voll und auch alle Insassen waren gerammelt voll. Voll mit Moonshine, einem reinen Alkohol, den man hier "Everclear" nennt. Dieser wurde auch mir sofort mit dem Hinweis gereicht, ihn nur in einen Mund voll Orangensaft zu schütten. Ein Live-Mix während der Einnahme, sozusagen. Los gings also, mein Englisch wurde sehr schnell viel besser und die ganzen Wurzeltrolle feierten meinen Überraschungsbesuch. Die meisten meiner neuen Freunde saßen am Tisch, weil sie nicht mehr rumstehen konnten. Im Bett lag ein junges Paar, das sich kurz vorm Höhepunkt befand und an der Küche stand eine Frau, die Kuchen auswickelte, den ich bald probieren sollte. Sicher auch kein normaler Kuchen, waren so meine Gedanken. Nachdem der erste Schuss Everclear eingekickt hatte, wollte ich wissen, was hier gefeiert wird. Alle, die noch einen Arm oder das Köpfchen heben konnten, deuteten auf den alten Mann im Sessel. Der sah nicht mehr gut aus, aber passte zum Sessel. Beide waren schon eine Weile hier und hatten schwere Gebrauchsspuren, wobei der Sessel noch zu retten war.

Da war er also, "Coffee Creek John" und gerade, als ich ihm zum "vielleicht Geburtstag" gratulieren wollte, bekam ich einen Ellenbogen in die Seite gerammt, was so viel hieß: Wenn ich jetzt nich kotzen muss, spreche ich gleich. Das Gesicht neben mir, das mehr wie eine topographische Landkarte mit Bart aussah, murmelte "He is dying, we will drink until he's dead!" – "John machts nich mehr lange, wir saufen, bis er stirbt". Ich zog ganz langsam meine Gratulationshand aus Johns Richtung zurück und versuchte mich zu sammeln. Ich bin also in einer Feier in der Mitte vom Nüscht gelandet, wo es am Ende einen Toten geben wird. Ich sah zu John. Die soeben gemachte Aussage schien ihn nicht zu beeindrucken, was mich dazu brachte, zu checken, ob er sich überhaupt noch bewegt. John saß zusammengesunken in seinem Sesselnest, hustete manchmal schwer, atmete flach und erwachte immer nur kurz, wenn die Flasche Moonshine aufging. Ich war noch nie so nah an jemandem dran, der am Ende war und die ganze Sache bekam einen mystischen Vibe, hier in der alten Trapper-Hütte. Die Gestalten, die ich wahrscheinlich heute alle persönlich kenne, wenn sie noch leben, sahen wirklich aus wie aus alten Filmen, nur echter. Sie waren der alte Film und ich war jetzt mittendrin.

Das fehlende Dach war mit einer Plane abgedeckt, die das Regenwasser direkt in die Badewanne im Raum leitete. An den Wänden hingen alte Schuhe, Fallen, Felle und jede Menge Nützlichkeiten für hier Draußen. Das junge Paar auf dem Bett atmete immer schneller und ich griff zur Flasche. Komischerweise dachte ich, die werden das ja schon alles im Griff haben und ich schau mir das einfach nur mal an. Es wurde viel gelacht, Geschichten erzählt, die abenteuerlich klangen, von denen ich aber nur die Hälfte verstand und John blieb am Leben. Zu meiner Überraschung begannen dennoch zu vorgerückter Stunde die ersten Gestalten zu ihren Booten zu wanken, um in der Wildnis zu verschwinden. Das war erst noch ganz lustig, bis nur noch ich, John und eine Frau übrig waren. Die Dame gab mir ein Funkgerät und erklärte mir, dass sie jetzt auch geht und ich sie anfunken sollte, wenn John gestorben ist. Meine Augen wurden riesig und ich sagte in glasklarem Denglisch: NOOOOO. Meine Angst, mit dem Alten hier alleine zu bleiben, war ihr anscheinend so deutlich, dass sie nur lachte und mich vorher gehen ließ. Also wankte auch ich zu meinem Kanu, legte mich rein und trieb ab. Paddeln ging kaum noch. Irgendwann fand ich eine Stelle, an der auch ein Besoffener anlegen konnte. Ich krabbelte, soweit ich kam und wickelte mich in meinen Schlafsack und schlief ein.

John starb ein paar Tage später. Ich weiß nicht, warum ich nicht dortgeblieben bin. Aus heutiger Sicht hätte ich vielleicht bleiben sollen, aber die ganze Szene war einfach noch bissel zu abenteuerlich für den kleinen Holly.

Als ich am nächsten Tag mittags mit zwei Köpfen aufwachte und weiter den Fluss runter driftete, dachte ich das erste Mal in Englisch: „What the Fuck?“

Coffee Creeks John's Hütte

Kurz bevor der White River von links reinkommt und das Wasser des Yukon in Gletschermilch verwandelt, habe ich meinen nächsten Stolperstein gefunden.

Gegenwind, aber richtig flussaufwärts. So stark, dass ich einfach den Fluss nicht weiter runterkam. Jedes Mal, wenn ich um die Ecke wollte, hat mich der Sturm wieder zurückgeschickt. Und deutsch wie man ist - Wetter abwarten ist für Weicheier - paddelte ich lieber einen Tag auf der Stelle. Die Elche haben sich damals sicher gerollt vor Lachen, als derselbe Gust zehnmal in beiden Richtungen vorbeikam. Erst als ich fast am Ende war, ging die Weisheitskiste auf. Mein Kanu mit Steinen zu beladen, war der Bringer, denn mit schwerem Schiff nahm mich die Strömung mit.

Erst viele Jahre später hat mich ein Oldtimer gelehrt, dass man in so einem Fall einen Baum mit vielen Ästen ins Wasser zerrt und das Kanu dran bindet. Der Baum zieht einen dann und man kann gemütlich einen Kaffee dazu trinken. Kochen im Boot hatte ich schon vorher gelernt, nur durfte der Kocher dabei nicht umfallen. Wenn man so viel Zeit im Kanu verbringt, lernt man schon ne ganze Menge, aber vom Baumtrick hätte ich gern eher gewusst.

Umso entzückter war ich aber, wenn ich wieder so eine Shit Show hinter mir hatte. Mir ist im Leben erst viel später aufgefallen, dass währenddessen ein Abenteuer passiert, es meistens furchtbar nervig zugeht und man oft kaum gleichzeitig den Blick fürs Schöne aufbringen kann. Irgendwie schafft es aber unser Unterbewusstsein, all die Momente trotzdem heimlich aufzuzeichnen und stellt sie uns für unsere Erinnerungen und Erzählungen wieder ins Gehirn.

Sogar jetzt, während ich das hier schreibe, also mehr als 20 Jahre später, sitze ich wie damals wieder in meinem Kanu. Bilder und Emotionen erscheinen so, als wäre alles grade erst passiert. Ich fühl sogar den alten gestreiften Pullover wieder auf meinem Körper.

Ich wusste, dass nach dem Zusammenfluss von White River und dem Yukon irgendwo eine kleine Ansiedlung liegt. Eine alte Trading Post auf der rechten Seite, an der der Steward River reinkommt. Die Frau in Coffee John's Hütte hatte mir gesagt, dass ihre Familie dort schon ewig lebt. Endlich hatte ich einen Navigations-Punkt, an dem ich mich festkrallen konnte. Wenn ich die Hütten sehe, bin ich noch zwei Tage von Dawson entfernt, also müssten sie heute eigentlich auftauchen. Man denkt ja, weil so ein Fluss steuerbord und backbord ein Ufer hat, dass einem wachen Abenteuerauge nichts durch die Lappen gehen würde. Aber soweit ich an dem Tag auch paddelte, keine Siedlung zu sehen. Das weckte in mir zwei Gedanken, die nicht zu meiner Beruhigung beitrugen. Entweder ist der Weg viel länger als ich gedacht habe, was meine Vorräte und Whisky-Flasche ziemlich mickrig aussehen ließ, oder ich hatte die Hütten einfach übersehen. Was dann aber auch bedeuten könnte, dass ich auch Dawson übersehen könnte.

Wie groß ist das eigentlich, isses hinter ner Insel? Was, wenn ich schon dran vorbei bin? Klasse. Da unten kam nicht mehr viel und ich begann ziemlich unruhig zu werden.

Ich hätte mich ja auch mal bissel besser vorbereiten können. Aber das mach ich bis heute nicht und deshalb muss ich auch immer mal wieder mit etwas Ungewissheit leben.

Da war also wieder so ein Moment. Zwei Tage nach der Siedlung, die ich finden sollte, paddelte ich immer noch im Fluss der Zeit und hatte keine Ahnung, ob der nächste, den ich sehen würde russisch spricht, oder ob ich mich in zwei Monaten als sehr dünner Pirat in der Bering See wiederfinden würde. Ein Scheißgefühl, kann ich dir sagen. Wenn ich da einen Telefonjoker gehabt hätte, hätte ich ihn gezogen. Meine Rettung kam in Form von zwei Blumenkindern. Das Hippie-Paar rastete auf einer kleinen Insel mit ihrem Kanu und sie waren die ersten Menschen, die ich seit Langem gesehen hatte. Sie schienen die Ruhe weg zu haben und genossen ihr kleines Inselparadies. Als ich dann von ihnen erfuhr, dass ich schon ganz kurz vor Dawson bin ging auch meine Sonne wieder auf. Erleichtert, dass ich nun doch nicht als Gerippe gefunden werde und der Fakt, dass auch meine Flussreise nun fast zu Ende war, führte mich direkt zu einem Schluck aus der Whisky-Flasche. Einen ließ ich aber noch drin, für Dawson.

Die Stunden, die ich jetzt noch hier auf der Insel mit den beiden und dann später in meinem letzten Camp vor Dawson, verbrachte, waren endlich von der Ruhe getragen, die man sich auf so einem Trip wünscht.

Die Unsicherheit weg und das gute Gefühl, das doch alleine geschafft zu haben, ließen die Augen aufgehen. Das war er also, der Yukon und irgendwie hatte ich das Gefühl, dass ich schon ein wenig Teil von ihm geworden war. Ich hatte für eine Weile ein völlig anderes Leben an einem mir unbekannten Platz gelebt. War

100-prozentig Herr meiner Zeit und alleiniger Besitzer meiner Fehler. War der Kapitän und musste aber trotzdem alles selbst machen. Ich war frei. Nicht, dass ich vorher recht unfrei war, aber es sah so aus, als ob ich wieder eine Hand am Steuerrad des eigenen Schiffes hatte. Damit kam zwar auch wieder mehr Verantwortung, aber ich fühlte mich jetzt besser ausbalanciert. In mir entstand damals unbewusst wieder das Gefühl, dass Richtungsänderungen erlaubt sind. Was ich aber noch nicht wusste war, dass diese kleine, komische, wilde und unberechenbar harte Stadt mein Leben erneut total auf den Kopf stellen würde.

Noch stand ich mit meinen Schuhen im Flussschlamm, nichtsahnend, dass ich nun eine Welt betreten würde, die ich bisher eigentlich der Vergangenheit zugeordnet hatte. Eine Welt, in der viele Geister hängengeblieben sind und in der ich mich so wie sie, im Netz ihres Charmes verfangen sollte. Auf den letzten Flussmeilen vor Dawson war ich noch ein Wanderer und Wunderer. Doch schon bald sollte ich heimkommen, heimkommen in eine mir so unbekannte und doch so vertraute Welt – Dawson fucking City.

Die letzte Nacht da draußen

DAWSON CITY

Als ich die bunten Häuseln das erste Mal auf der rechten Flussseite sah, war ich erstmal super froh, dass ich sie nicht verpasst hatte. Weißte, ich meine so kurz mal ein Nickerchen gemacht und schön daran vorbei getrieben. Nee, nee, ich war hellwach, um das Paris des Nordens in die Arme zu nehmen. Dazu musste ich aber erstmal wie wild paddeln, um auf die andere Seite zu kommen. Der Klondike kommt von rechts rein und schiebt dich schön zur anderen Seite und genau hier ist der Yukon auch schnell mal ganz wild. Aber der Ehrgeiz eines DDR-Sportlers half mir, die Flussseite zu wechseln und so bammelte ich mein schönes gelbes Kanu am Bootssteg neben einem Flugzeug fest und zutschte den letzten Strich Whisky aus meinem Fläschchen. Mir tat alles weh und ich war hungrig, Menschen zu sehn. Ich hatte jetzt genug mit mir selbst geredet und mir tausendmal erklärt, wie die Welt funktioniert, um mir dann doch nicht zu glauben. Und so saß ich da, Beine im Boot und Blick in die Sonne, als der erste Vertreter der "Dawsonites" bei mir erschien. His name was Mo. Mo war groß und ein Rastatyp und das erste Wort, das ich je in Dawson hörte, kamen von ihm: „Bier??". „Yes Sir", sagte ich und Mo brachte mich zum Pit. Mein Kanu blieb mit all meinem Gerödel einfach am Steg liegen, denn im Paradise wird nich geklaut. Ich bummelte mit Mo an einem stillgelegten Schaufelraddampfer vorbei, schlenderte durch eine Häuserkulisse, die aus dem letzten John Wayne Film gefallen war und endete vor einem alten Hotel. Das war ganz in Pink und das war, wie sich rausstellen sollte, das Gewöhnlichste an diesem Haus.

Es war schon Nacht, aber natürlich noch hell, hier oben im Norden, als ich die Tür zum pinken Westminster Hotel öffnete und in seine romantische Dunkelheit eintrat. In der Lobby, an der Rezeption, lag ein Mammutschädel und wie es aussah, wurde hier schon lange keiner mehr empfangen. Als ich die zweite Tür durchschritt, ergriff mich die erste warme Wohlfühlwelle. Massen waren da, in dieser Bar, die keine war und eher einem Schiff, voll mit vollen Narren, Piraten, Prinzessinnen und jede Menge fragwürdiger Gestalten, glich. Auf der Bühne eine Band, die schon nich Mehr so gut aussah, aber spielte, als wenn es ihr letzter Tag wäre. Und dann war da Rauch, ganz viel Rauch.

Als das erste Bier bei mir einkickte, so als wenn man von der Kupplung abschnappt, war meine Welt kunterbunt.

Nach all dem Schwarz-Weiß-Denken, das mir in meinem bisherigen Leben so antrainiert wurde, landete ich jetzt mitten im Farbtopf einer mir unbekannten Gesellschaft und begann sofort mich darin wie ein junger Fisch zu aalen und ließ dabei alles Gute über meinen herrlich angeheiterten Geist laufen. Mo machte mich mit zwei lauten und sehr, sehr lustigen French Canadians bekannt. Die Hippiemädels luden mich direkt ein, mit ihnen in ihrem Baumhaus zu wohnen. Ich nahm dankend an und bestellte mehr Bier. Es war einer der herrlichsten Momente meines Lebens bis hierhin, an einem Ort anzukommen, der den Anschein machte, auf mich gewartet zu haben. Jeder Mensch sah interessant aus, nicht ein Normalo war anwesend. Jedes Lied brachte mich zum Zuhören und die Leute tanzten, als würde keiner zusehen. Manche sogar im Liegen. Ich war selig. Endlich mal ne wilde Horde, die keine Regeln zu kennen schien.

Nach viel zu viel des Guten, torkelte ich am frühen Morgen zum Kanu und schipperte zur anderen Seite des Flusses, wo mich die Ladys in Empfang nahmen und zum Baumhaus führten. Es war hoch und niedlich und schenkte mir den Schlaf, den sich ein Abenteurer wünscht. Warm und besoffen.

Gute Nacht Dawson. I love you schon.

Ich wollte nur drei Tage bleiben. Nach dreizehn Tagen wohnte ich aber immer noch im Treehouse. Mo war mit einem anderen Freund im Busch verschwunden und die Gäste wechselten ständig. Jeden Abend traf man sich im Pit, um die Tage auszuwerten und die Nächte zu feiern.

Ich war wieder 16 und konnte mich kaum sattsehen an den Menschen, denen ich hier jeden Tag begegnete. Die waren alle so viel lustiger als die vielen Krümelkacker, die ich im alten Leben zurückgelassen hatte. Ich hatte den Eindruck, nicht nur auf eine neue Gesellschaft, sondern hier auch auf eine für mich neue Denkweise gestoßen zu sein. Hier kam erst der Spaß und nicht das Problem. In mir stand natürlich noch ein felsenfester deutscher Kern seinen Mann, aber meine Emotionen und Gefühle waren schon mit den Regenbogenmenschen abgezwitschert. Bis heute umgebe ich mich am liebsten mit dieser Art Menschen, die eine Fröhlichkeit in sich tragen, diese auch gern zeigen und die es auch in jedem Land der Welt gibt. Ich bin auch nicht immer fröhlich, aber von diesen Typen habe ich gelernt, dass es geht, dass man seinen Arsch hochkriegen und dem Leben vorbehaltlos in die Arme laufen kann, ohne sich dabei ständig selbst zu disziplinieren. Es waren und es sind gute Menschen, die mich in Dawson empfingen und ich wollte auch ein Guter, einer von ihnen, werden. Ich war mit allem Mut zur Veränderung losgelaufen und bin mit allen Geschichten und Menschen, die mich bis hierhergeführt hatten und mit dem Glück eines Suchenden, tatsächlich in meiner eigenen Transformation angekommen.

Ankunft in Dawson City

WIE DAS LEBEN SO SPIELT ...

Ich möchte dir, lieber Leser, noch etwas Appetit auf den Rest meiner Geschichten machen und dich gleichzeitig ermutigen mit deinem eigenen Leben spielen zu gehen.

Dann kann dir nämlich auch was Schönes passieren.

Ich hatte ja versprochen nochmal auf Neil Young, den Meister des Grunge Rocks zurückzukommen.

Also los gehts.

Irgendwann schaute ich mir mal ein Konzert vom Helden meiner Jugend auf YouTube an, als ich bemerkte das Neil mit viel Liebe eine herrliche Wohnstuben~Atmosphäre auf der Bühne geschaffen hatte. Alles sah sehr gemütlich aus, außer die kotzhäßlichen Mikrofonständer, die wie Wasserleitungen aus dem Teppich ragten. Die Dinger haben für mich als Brachialromantiker das ganze Bild völlig zerstört und ich beschloss das Problem mal anzugehen.

Die Tage danach fanden mich im Wald des Yukon auf der Jagd nach Diamant~Weiden. Ein Edelholz, das nicht nur unkaputtbar ist, sondern fantastisch aussieht, wenn man die Rinde abgefummelt hat. Dann hab ich die ausgewählten Stecken in die Werkstatt geschleift und aus herkömmlichen Mikroständern und den Edel~Ästen eine Kombi gezaubert, die sich echt sehn lassen konnte. Das Problem war nun aber, dass ich Neil ja nicht persönlich kannte und so hab ich's dem Leben angeboten, wie denn nun das schöne Teil zum Young kommen sollte.

Ne Weile später (in meiner Zeitrechnung vielleicht auch zwei Jahre), machten wir uns mit einem auf gebrauchtes Gemüseöl umgebastelten Schulbus, zwei Kindern im Dauerkopfstand und unserem Hund auf, ganz Kanada zu durchqueren. Ich dachte da nehm ich den Mikroständer mal mit, man weiß ja nie wen man so trifft. Also Augen aufhalten und hoffen. Als wir uns während dieser Reise auf Salt Spring Island, ner Insel in British Columbien, aufhielten erschien mir, dass auf dieser Insel auch Randy Bachman Sänger von "The Guess Who" und lebenslanger Freund von Neil Young wohnt und es hat nicht lange gedauert, bis ich bei ihm geklingelt habe und er nicht aufmachte, weil er nicht da war. Mist, dachte ich, das war knapp und setzte mich mit meiner Neil Biographie "Waging Heavy Peace", die ich in der Zeit grade las, in einen Coffee Shop und war traurig. Nach kurzem Kaffeegenuss sprach mich jemand auf das Buch an und ich hab dieser Person sofort mein ganzes Leid gebeichtet, dass ich nun niemals mein Kunstwerk zu Neil bringen kann und die Welt deswegen ganz furchtbar ausschaut. Der Gute hat dann mitleidig gelächelt und gefragt, ob ich denn Daryl kenne. Er sei Musikproduzent und Studiobesitzer auf der Insel, kennt Randy und vielleicht geht da ja was. Meine Augen leuchteten wieder bissl und nicht viel später drückte mein Daumen den Klingelknopf, gleich neben dem "Bitte nicht stören" Schild des Recording Studios. Die Tür ging auf und ein junger Mann mit Albert Einstein~Frisur glotzt mich unverständlich an.

Hallo, ich bin Holly und ich hab nen Mikroständer für Neil Young. Daryl hat sich nach dem Backen aufblasen und verständnislosen Kopfschütteln wieder gesammelt und gegrinst. Ich wusste jetzt nicht, ob der denkt "Du hast so ne Hacke" oder ob er mich einfach nur auslacht. Das Grinsen wurde grösser und zwei wilde Seelen haben sich erkannt. "Komm rein, das is unglaublich!" Ich betrat erstaunt ein herrliches Musikstudio direkt am Strand des Pazifiks, in dem garantiert schon viel Geschichte geschrieben wurde und mein neuer Freund sagte "Na bau das Ding mal auf". Nach zufriedener Begutachtung und einem noch breiteren Grinsen bat er mich sich zu setzen und begann seinen Vortrag. "Also pass auf…gestern, ja gestern, hab ich den Vertrag unterschrieben auf der nächsten "Neil Young and Crazy Horse" Tour Bühnenmanager zu sein. Im ersten Paragraphen des Vertrages steht, dass es strengstens untersagt ist Fan~Geschenke für Neil und alle anderen einzuschleusen. Aber das Ding is so eine geile Sache, wir probieren das!"

Ich glaub ich hab glei geheult vor Freude und wäre schon mit nur dieser Aussicht supi zufrieden gewesen. Daryl konnte natürlich nichts versprechen, aber ich wusste er würde was riskieren, falls sich ein Moment ergibt, der passend erscheint. Ich übergab meinen Mikroständer für meinen Helden und wir trennten uns in Freundschaft mit den Worten "That might take a while", was so viel heißt wie "drängel nicht".

Als diese Crazy Horse Tour dann viele Monde später tatsächlich stattfand, hatte uns das Reiseleben schon nach Mexico gespült. Wir residierten in einer Jugendherberge in Sayulita, als eine E-Mail von Daryl kam, die nicht viel mehr sagte als "ruf mich mal an".

Ich hab glei gezittert und rannte damals noch zum Münzfernsprecher. Als das Signal sich dann von Canada nach Mexico gewurstelt hatte durfte ich Daryl's herzerfrischender und sehr bewegenden Erzählung lauschen, dass mein Neil Young sich so gefreut hat, ein so feines Yukon~Kunstwerk zu bekommen, dass er es in seine Musikscheune bringen wird, dass er jetzt weiß wer ich bin und sich sehr herzlich bedankt, dass er gestaunt hat, dass wir sieben Jahre unsere Kinder mit dem Hundeschlitten zur Schule gebracht haben und dass er mir viel Glück mit meiner Musik wünscht.

Als ich den Hörer danach in die Gabel habe fallen lassen überkam mich dieses warme Honig~Gefühl, welches sich ausschließlich nach frech eingefädelten, vom Glück geschobenen, irren Abenteuern über mich ergießt, wenn diese ein Happy End haben.

Für so was lebe ich, für diese Momente ist es mir immer wieder wert die extra Meile zu gehen und diese Geschichten sind der Lohn meiner Imagination. Ich liebe das Unmögliche, weil es so überraschend frisch sein kann. Ich träum halt so gerne groß.

Wir sehen uns an der nächsten Grenze des Machbaren.

Euer Holly

Foto von Sara Kathrin Müller

Freuden~Feuer~Tour 2024

Dein König

Ich bin dein König, aber König ist recht wenig
Meine Kutsche scheint im Licht
Und trotzdem lieben sie mich nicht
Ihren König

Manchmal nachts zieh ich mich an
Wie ein alter Bettelmann
Und im dunklen Schänkenlicht
Erkennen sie mich nicht

Dann leb ich in Saus und Braus
Und flieg mit Lotterweibern raus
Ich bin dein König
Aber König ist recht wenig

Mir gehört das ganze Land
Und ich bleib ein Bettelmann
Ich bin dein...

Bei dem Alten dort im Wald
Dem ich die Hirsche abgeknallt
Der hatte Licht in seinem Blick
Und hat mich einfach weggeschickt
Seinen König

So ein König ist recht wenig
Meine Kutsche scheint im Licht
Und trotzdem lieben sie mich nicht

Ich bin dein König

Hier ist Platz für Deine Träume. Schreib was Du Dir wünschst.